心一堂術數古籍珍本叢刊

書名：《地理辨正集註》附《六法金鎖秘》《巒頭指迷真詮》《作法雜綴》等（五）
系列：心一堂術數古籍珍本叢刊　第二輯　堪輿類　215
作者：【清】蔣大鴻　等原著　【清】尋緣居士　輯
主編、責任編輯：陳劍聰
心一堂術數古籍珍本叢刊編校小組：陳劍聰　素聞　鄒偉才　虛白盧主

出版：心一堂有限公司
通訊地址：香港九龍旺角彌敦道六一〇號荷李活商業中心十八樓〇五—〇六室
深港讀者服務中心・中國深圳市羅湖區立新路六號羅湖商業大厦負一層〇〇八室
電話號碼：(852)67150840
網址：publish.sunyata.cc
電郵：sunyatabook@gmail.com
網店：http://book.sunyata.cc
淘寶店地址：https://shop210782774.taobao.com
微店地址：https://weidian.com/s/1212826297
臉書：https://www.facebook.com/sunyatabook
讀者論壇：http://bbs.sunyata.cc/

版次：二零一八年九月初版
平裝：五冊不分售

定價：港幣　一千二百八十元正
　　　新台幣　四千九百八十元正

國際書號：ISBN 978-988-8266-54-8

香港發行：香港聯合書刊物流有限公司
地址：香港新界大埔汀麗路36號中華商務印刷大厦3樓
電話號碼：(852)2150-2100
傳真號碼：(852)2407-3062
電郵：info@suplogistics.com.hk

台灣發行：秀威資訊科技股份有限公司
地址：台灣台北市內湖區瑞光路七十六巷六十五號一樓
電話號碼：+886-2-2796-3638
傳真號碼：+886-2-2796-1377
網絡書店：www.bodbooks.com.tw
台灣國家書店讀者服務中心：
地址：台灣台北市中山區松江路二〇九號一樓
電話號碼：+886-2-2518-0207
傳真號碼：+886-2-2518-0778
網絡書店：http://www.govbooks.com.tw

中國大陸發行　零售：深圳心一堂文化傳播有限公司
深圳地址：深圳市羅湖區立新路六號羅湖商業大厦負一層〇〇八室
電話號碼：(86)0755-82224934

心一堂微店二維碼

心一堂淘寶店二維碼

指迷眞詮

過峽

古人論峽以出脈偏正定吉凶正者兩邊有護送爲吉偏者一邊無護送爲凶予傚論峽則以護峽山形論吉凶吉形貴形夾護皆吉反此則凶予但以開面出脈爲重開面者雖旁出力輕猶不失爲眞龍不開面出脈雖中出無肅着眼故山外背內面者吉凶形不過吉中之疵如背來向我或無背無面者凶有等過峽起祖之山一路隱脈開好面者此行龍脈卸將盡未盡必有分枝傍落之地前途可覓

陰陽脈者卽雌雄峽也一邊開窩而落脈者爲雌一邊走珠而起脈者爲雄或雄落而雌受雌邊雖有窩穴葬下未能得福或曰高山之上並無跌斷無峽可知亦結大地者何曰古有高山峽之名峻山架上另闢世界則山上自有平地其起伏跌斷處卽謂之峽但在下面仰視則不能見其高山之上有平也雖有跌斷若無帳無峽不另闢世界何能結地

崩洪峽者穿江過河之石脈也石脈從水中過是山與水爲朋水與山爲共故曰崩洪惟平洋江河中有之葢平洋數千里來龍至大江大河勢不能住則渡水而過

其過也必開帳作勢兩邊枝脚一齊湧來如鳥之將飛必先矬其翅而起石骨過處水必兩分但水面不能見耳山谷之水跌瀉溪澗兩邊山脚石骨雖連而彼岸田水不隨龍勢前行反流入過龍河中卽在平洋只以山脚論並非過龍謂之崩洪峽者非然渡水之龍亦必開面另有一脈透過中有龍脊其水兩旁分流或上面之水向一旁流去而河中水亦必兩分故云非石骨不渡水但博到無山處硬土亦能渡只要中淺旁深若不開帳作勢枝脚邊有邊無來不淘湧水中雖有石骨彼岸雖有墩阜只以星散零斷論至於穿田渡水則以河濱

來去爲憑雖在極平處仍有山脚墩阜可証
玉湖峽者當脈横生池湖脈在水中過也天池峽者旁
峽各生一池或只一邊有池一邊低田低地脈在中間
過也玉池峽者當脈中心生池也脈在兩邊過也其水
是龍氣停瀦非因雨積池湖是造化生成非人力穿鑿
深大爲大淺小爲小四時不涸清而不濁者貴忽然乾
涸渾濁腥臭衰竭之兆果是出脈之祖臺屏帳蓋之龍
節節開面地步廣濶有此更証其貴中等龍見之亦只
尋常下等龍見之何益故只觀其地步之廣狹開面之
多寡龍格之優劣爲主

古云峽前峽後好尋龍者以龍逶迤路遠將過峽八勃之勢昂然而起旺氣一聚過峽後方興之勢躍然而起旺氣亦一聚必有旺氣透於兩邊開面降脈卽借峽中之迎送爲門戶而穴易成或自立門戶更妙然惟嫩峽有此老峽則否騎龍穴順騎固須開正面穴前過密容聚儼如前面不去倒騎亦須倒開正面左右砂層層廻轉儼如背後生來環抱有情方妙然峽前峽後分掛一枝結地者十之八九騎龍結穴者十之一二

或曰今人見山峽斷卽以峽名之並不問迎送有無無迎送者亦能結地否曰峽間有迎送者惟大富貴地如

是小龍止有跌斷何能有迎送之砂但跌斷而得開面出脈前去亦結小富貴地不開面而跌斷則在所棄至小枝龍并跌斷亦無何能有峽惟視其開面有無多寡而已有等大龍來處過峽重重俱有迎送至入首數節只跌斷而無迎送亦成大地不可以到頭但有跌斷無迎送短之

入首

入首者到頭數節也予嘗論龍格穿落傳變與廖公李氏之論龍格皆以此數節定吉凶貴賤葢太祖太宗猶是遠龍惟此處最爲切近若入首不美祖宗雖美則何

蓋尖入首既美祖宗必美可知故尋地捷徑必以入首數節爲主開面者眞不開面者假臺屛帳蓋成座星辰護衛砂水重重眞向者富貴牽連小面單砂單水拱向者小康

胎息孕台

語云千里來龍只看到頭一節賦云入首成胎猶防死絕故胎息孕育入首更爲切要此處不成穴必他閃蓋元武後一節之頂爲父母父母山開面出脈爲受胎開面者陽氣發舒之象出脈者陰氣束聚之形開面處有垂頭是俯而施之之象出脈處有還甗是仰而承之之

形陰陽相配俯仰交孚則受胎也胎前峽細如蜂腰形謂之息如母之受胎而養息也玄武頂前有隱分隱矬之微有是氣之呼而沉微有前起貼體微泡爲化生腦是氣之吸而浮化生腦前亦復有微分微矬之呼而沉微平微起之吸而浮謂之孕如母之懷孕而孕之呼吸沉浮與母息相通也孕下起孩兒頭開端然之面又有隱分隱矬微有微起之動氣謂之育如子離母腹而自具呼吸浮沉之動氣故能育也是以胎息孕育全在開面方成而生機又在呼吸浮沉之動氣也

論地步本於開面

開面地步雖分兩樣然開大面卽是佔地步無地步卽是不開面何也大八字一統罩盡護帶數重兩邊送從纏護面面相向非開大面乎貫頂出脈護帶全無兄弟山挨近本身者并無地步與不開面者假故開大面地步自廣開小面地步自狹不開面地步自無蓋面之大小不專指本身言亦兼羽翼護衛言之也羽翼護衛多者地步廣雖本身之面小亦爲開大面無羽翼護衛者地步狹雖本身之面大亦爲開小面故開面地步總是一事但自本身之肩臂眉目肌理分言之則爲開面自外層之羽翼護衛合言之則爲佔地步論眞假非肩臂

眉目肌理之分不可論大小非羽翼護衛之分不可盡一事而兩名者也

論開面地步包括形勢星辰

秦漢時論形勢唐宋時論星辰今人止知論勢其次論星與形乎獨論開面地步者蓋以山川古今不改吾人所見不同總皆發明山川之秘如狐首青烏葬經以形勢察性情以性情察生氣撼龍疑龍玉髓泄天機之類以地下山形合上天星象以人間庶物狀山川變形逐類推求隨形摸做皆格物以明理非初學所能驟至乎開面地步之說參悟萬山性情總歸一貫之竅意淺言

詳人所易曉況形勢星辰亦皆包括誠以山龍無開面地步即不成形勢星辰何也未有不開面而能成形勢者也未有不開面而能成尊嚴降勢者也未有不疊疊展轉開面而能成飛舞踴躍之勢者也未有開面之蟬翼砂不回面相向而能成團聚廻環之勢者也未有不佔地步之廣而能有勢如重屋茂草喬木勢如降龍水繞雲從者也未有不佔地步之極廣而能有勢如巨浪重嶺疊嶂勢如萬馬自天而下者也廖氏曰貫是脈從頂上抽星峯不現頭飽是渾如覆箕樣醜惡那堪相楊公曰大抵星辰嫌破碎不抱本身多作格皆星辰不開

面之說也葬經曰形如亂衣妬女淫妻形如仰刀凶禍難避形如卧劍誅夷逼僭形如覆舟女病男囚又曰勢如戈矛兵死刑囚勢如流水生人皆鬼勢如驚蛇屈曲徐斜滅國亡家此皆不開面不佔地步之說也入式歌云好格面平方合樣面飽何勞相不開面者其面能平而不飽乎撼龍經曰作穴分金過如線曰分金者非即開面之謂乎又曰高山頂上平如掌中分細脈如蛇樣平如掌即開陽獻面如蛇樣即束陰吐氣中分即隱顯之分豈非開面之謂乎然則古人之論形勢星辰未嘗不寓開面地步之意但不明明道破耳故發其隱微不

言形勢星辰而詳論開面地步也

開面異同

或曰五星九星千變萬化豈一開面盡之乎抑開面亦有不同乎曰星辰雖變態多端而真假只決於開面如貪巨武輔太陽太陰天財紫炁金水等吉星不開面則凶破祿廉文天罡燥火孤曜掃蕩等凶星開面則吉蓋吉凶不決於星體而決於開面況星辰之變不可勝窮惟開面自合穿落傳變之吉格不開面則成粗頑破碎之凶龍但山之開面有隱顯橫偏閃變深淺大小多寡特峯牽連開肩乳突窩鉗之不同耳此而明之雖千變

萬化無不了然矣
按廖公穴訣云穴星又有八般病有病何勞定斬首折痕項下拖碎腦石嵯峨斷肩有水穿膊出剖腹胸長竄折臂原來左右低破面浪痕垂陷足脚頭竄入水吐舌生尖嘴此是星中大有虧悞用禍相隨穴而又有八般病有病皆惡症貫頂脈腦上抽墜下脈過脚行綳面脈橫數條飽肚脈覆箕樣受煞脈帶石來斬斷脈坐下崩吐煞脈長死硬失序脈不分明莫言立穴大精詳凶吉此中藏是皆不可不知者故附錄於此

隱面顯面

隱面者卽正體星辰分隱而脈亦隱故謂隱面以其得星體之正形故曰正體如覆釜鐘頓筆笏列屏几之類是也顯面者卽開脚星辰分顯而脈亦顯故謂顯面以其大小八字落脈井然有條故曰開脚如人展臂如鳥開翅如荼葉之護臺是也二者雖隱顯不同頂前俱要有化生腦節包隱分顯分背面稜角朗然八字不可邊有邊無星辰不可邊凸邊陷其分歛仰覆向背合割之宜忌則一但正體星辰最忌脈脊透頂爲貫頂界水透面爲破面開脚星辰則有忌有不忌者若山頂前化生

腦有蟬翼界水在蟬翼外分開而不扣肋貫頂之脈如寬牽線者不忌若無蟬翼界水扣肋透頂之脈如急牽線者即為貫頂破面葢顯面之脈要如寬牽線軟活而下有大矬大平方佳或有顯明突泡起伏者更妙隱面之脈要如泥中隱鷺灰中牽線頂前微矬矬前微平平前微凸隱隱躍躍脈出隱八字之乂口而隱八字之分心個對個而來者方眞若無矬平而一條直下或糢糊包硬者俱無融結正體星辰除大八字顯分外但有肌理隱分不必護帶畢具即有亦在依稀之間開脚星辰須有蟬翼護帶顯然可見即無護帶必要蟬翼此為異

耳

横面

撞背直來人所知也然龍之轉身最多有方直行而脈忽横降者有方横行而脈忽直降者總爲横面其大八字即以來去横岡爲之不似撞背直來者自分大八字然亦要近身有大八字之稍垂下對看不知其爲横岡而像大八字方眞起頰顴而垂下長者爲有力大八字之外又有護帶豁開而相向者爲妙護帶多者更佳但來水邊之護帶不患不相向而患不豁開一順斂者非直去水邊之護帶不患不豁開而患不相向一順背者

卽假蟬翼肌理之分亦然横降處無大小護帶者乃大龍方行之際非大聚之處何能結地若大龍將盡未盡枝枝結果之處雖無大小護帶得貼身有小八字之分成分金之面有毬有平而降前途博出大八字星辰亦能成地但力不大凡横龍結穴而有降脈者不論有頂無頂雖天財凹腦亦不忌後宮仰瓦氣鍾於前故也惟無降脈而貼脊横担結穴者切忌無頂其凹腦全無脈落背後不仰瓦者反假起頂平者駝背亦可仰瓦亦可得背後有逆轉之下砂外背內向如孝順鬼者爲眞蓋横龍要四伏不牽背後之下砂不轉則尾搖而未定龍

已住者則不拘此縱龍勢尙行開面眞者亦不拘此但不如背後砂逆轉之力重其背後之樂托抽出一條轉面向裡者亦作鬼論順水向外者兩邊俱是橈棹令人見雪心賦忌後宮仰瓦每將眞地棄之而後面之橈棹竟作鬼論故表而出之如橫龍有降脈者原不拘後樂有無惟無降脈而橫担作穴者必須托樂有等橫龍降脈處不惟無頂反坐凹潭如小窩近窩之背上微牽一線之脈隱隱從凹潭中出落下一段方起小突為化生腦山下對看只見其腦不見其凹此化陽之極而生此腦下面結作必眞如悞扦上面窩處即是傷龍蔡氏曰

橫担橫截無龍要葬有龍此爲無降脈而貼脊結穴者言若有數丈降脈當與眞捶眞奔者一體裁制愼勿提高鬪煞其橫担結穴者亦要有化生腦分開金面有毬有平圓唇托起不然雖左右有情亦無益矣

偏面

對頂中出人之所愛然龍之偏降最多有偏至肩臂出脈者有偏至掌後腕骨出脈者有橫來已起中頂然後偏過一邊肩臂出脈者有尚未起頂先從肩臂出脈者皆爲偏面其自中頂偏過左右出脈者中頂不必分個字下來其八字即借中頂那邊一股配我這邊一股爲

偏中個字之丿乀只要貼身有蟬翼或肌理刷開分成金面於大八字之丿乀半邊而近中頂邊之砂豁向中頂邊去者爲眞若斂向出脈邊來便假

閃面

子微曰眞龍閃巧轉身多豈惟直串爲可據是言龍之閃也楊公曰愼葬每因求正面不扦渾是棄偏陂是言穴之閃也蓋閃龍如瓜果不結於正藤正幹之身而結於子藤子枝之上閃穴如瓜果不結於子藤嫩枝之正而結於子藤嫩枝之旁故山脊中出而穴每旁扦山脊橫飛而氣每直出勢遠奔而腰間潛漫形顧內而腕外

偷踪有頂而透漏於無頂之處有脊而潛隱於無脊之坡非故閃以示奇亦勢之不得不閃也葢有脊處硬不得不借脊為出煞之所而別閃於軟處對頂處死不得不以頂為分開之砂而旁閃於生處生氣喜包藏而山之盡處拋露不得不棲閃於中腰生氣喜止聚而山之盡處走瀉不得不拋閃於平地腕內堂氣傾側不得不走閃於腕外之聚處正身不開而不得不旁閃於旁枝之閉面處大抵閃脈之出無正頂之起無大八字之分無脊脈之露惟有隱隱分金之面微微然平一呼一吸之動氣只可細察而得然閃龍來處無開面星辰疊出

者不眞閃穴止處無唇臍堂砂証穴者必僞觀此則閃龍閃穴似不難知但星辰與唇臍堂砂無動氣則不靈動氣二字雖似難明試將分斂仰覆與葬書乘金相水諸篇細細揣摩遍覆名墓自可豁然貫通正者如是閃者亦如是矣

巒面

地之眞假只在開面與否開面者粗蠢亦眞不開面者秀嫩亦假其出人秀蠢在後龍星辰論不在穴山論也謝覺齋曰突金粗蠢號巒脈宜認蝦鬚氣與珠但見節包弁梗塊時師休要用心圖若是朗梳鉗面出隨他脈

路取功夫此是天然眞正穴如能明得定不慮又曰鑾脈穴法最爲難認取蝦鬚蟹眼安單股水隨纏繞下三义五度要廻環太粗太蠢皆爲假股明股暗別一般左右枕歸流水取斯文留與子孫看蓋蝦有六鬚四短兩長離水俱豎起在水則二長鬚豁轉向後如八字其鬚尾畧須抱身試放活蝦於淸水盆中自見長鬚抱轉以蝦鉗爲鬚愰也今以蝦鬚向上比穴山蝦尾垂下比山坡蝦身比穴脈蝦鬚比山頂前蟬翼與半山暗翼肋下所分之痕影水除毬簷之外上面分一重暗翼當有一重蝦鬚若連毬簷之分有三分而入穴者當有兩重蝦

鬚水但入穴一重爲最要葢第一頂蝦鬚水當在山頂前化生腦之蟬翼肋下分出要半山微突之暗翼過脉使其如八字樣繞金魚砂外而下若頂上無蟬翼半山無金魚砂界水必夾脉透頂扣肋一直而下何能如蝦鬚之分開第二重蝦鬚當在半山暗翼之肋下分出要毬簷之脬腮逼脉使其如八字樣繞穴腮旁而合於內明堂若半山無暗翼毬簷又無脬腮界水必扣肋夾脉割脚直下又何能如蝦鬚之分開故蝦鬚之有無在暗翼穴脉之有無在兩輔半山暗翼所分之水又名魚腮水葢暗翼之貼脉如魚腮之貼身暗翼肋下之分水如

魚腮之吐水也然一毬之下無還簷之平則水不能分故兩旁之暗翼拉下而低垂中間之脈路一平而頓起肋下方有折痕如蝦鬚之分去若脈路無毬無平與兩旁之暗翼一齊拉下肋下無有折痕界水必四散流去何能見其痕影之蝦鬚故蝦鬚之有無又在毬平之有無主之其平盡之還簷處在山上步來未曾另有高起在下面與兩旁看之必高起一塊總名之曰突泡分而言之微微鋪出如鋪裀展褥之形者曰氣如牛羊乳之垂者曰乳小巧圓淨如珠之流利者曰珠些些突泡生於曲動處如食指根曲轉之皮者曰轉皮橫溝粗澗分

節而來者曰節如胞如肚曰泡如木之條而長垂者曰梗一連數塊而間斷者曰塊此出脈之八般名字珠乳氣皮隱微之脈也節泡梗塊顯露之脈也非突金粗蠢山八般皆是好脈在突金粗蠢山出珠乳氣皮隱微之脈是粗中出細結作必眞若大山出節泡梗塊顯露之脈是粗中出粗必無融結然果三分三起三起而來復有微分微起微平呼吸浮沉之動氣者雖突金粗蠢之山出節泡梗塊之脈又何妨焉以上八者在半山遞脈爲突泡在臨穴之處爲毬簷毬簷卽蟹眼也葢蟹眼者毬簷之別名欲其圓淨如蟹眼不可破碎欹斜欲其垂

突如蟹眼不可塌落不起欲其柔嫩如蟹眼不可粗硬不變欲其截斷如蟹眼不可陰陽不變要人顧名思義故以蟹眼名之楊公曰穴有蟹眼則穴的矣吳鼎精曰落時蝸角轉在處蟹眼垂皆指毬簷論也然不可秃光如蟹眼要有分金之面又謂一滴蝦眼水者以毬前一矬作垂頭之勢必有高低之勘如簷之滴下即所謂簷也其分開之兩角不矬而中心獨矬則簷下必有隱隱微平分開痕影水繞暈旁暈前亦必有隱隱微靨可坐正水即所謂葬口也因毬簷名蟹眼故毬簷下正水亦名蟹眼水今人強爲之分以乳突長而脈狹兩邊痕影

水長者爲蝦鬚乳突短而脈闊兩邊痕影水短者爲蟹眼又以蟹是橫行左行則左眼明右行則右眼明水之股明股暗似之故曰蟹眼水然總是痕影水而已不必多方辯說也單股水隨纏繞下者言粗蠢山之痕影水必股明股暗故曰單股三叉五度要廻環者言三合水宜屈曲而去不可合掌直牽無蝦鬚之分則爲粗蠢如有股明股暗之蝦鬚又不嫌其粗蠢故曰別一般點穴當就界水明邊以生氣在於薄處故曰左右梳歸流水取明梳鉗面穴亦美二句言粗蠢山不出乳珠氣皮之脈但齊分數股如梳齒形而成鉗穴梳齒稀明似鉗之

處不少當認其鉗中有陽脈者爲眞穴故曰隨他脈路取工夫

深面淺面

深面者臍腹出脈淺面者胸喉出脈出脈低者星辰壯重雖孤單高聳亦不畏風出脈高者得本身肩翅重護方爲有勢肩翅單薄則力輕矣若無蟬翼貼身脈必貫頂亦有喉頸之下雖起小泡不甚顯露但隱隱而下至臍腹陰囊方出顯然之脈者又不妨高出又有喉脛之下連起突泡或五六或七八大小相等均有分金之面疊串而下如串珠龍上天梯等格兩邊肩翅齊護者其

力最大又不可以面淺論之

大面小面

面之大小在大八字之大小護帶之有無多寡別之大八字豁開極遠護帶數重如大菜之多葉千葉蓮之多瓣面面相向肩翅齊開者爲開面極大前去必結大地大八字不甚豁開僅有一二重護帶如小菜之不能多葉單瓣花之不能多瓣但開面端莊而出脈者前去結中等富貴地大八字短小而不開張護帶全無一邊止有單股蟬翼一邊有肌理刷開之面而出脈者前去亦結小康之地此在分龍起祖處定其優劣而已若經博

換之近祖又當總論小面者有行度牽連之小面有已經脫卸太山而變小山之小面行度牽連之小面不但低小山頭有之卽高山之上微起微伏不甚頓跌處亦有之此等星辰輕重不能自主惟視其前後開出之大星辰護帶之有無多寡辯其高下已經脫卸之小面當觀其後龍若龍博換合上格到頭纏護多者爲大地後龍合上格到頭纏護少者爲小地故面之大小只以祖宗論到頭星辰俱論開面與否不拘面之大小然在山谷分掛之龍仍以開大面爲勝

開面多寡

龍身雖長不開面者多則力量有限行至不開面處卽止龍身短節節開面發福不小行至盡處而後已然其長短只以分龍處爲始有等大龍行度帳峽已多脫卸極嫩忽起高大星辰雄踞一方開出大面分枝數節便成大地蓋高穴星辰旺氣一聚幹龍雖行而脈於此分落共祖同宗故分龍前去不必長遠其力自大又有大龍行度未止龍身忽嫩雖不起高大星辰卽借大龍本身之盤旋枝脚之輻輳結成垣局大勢團聚却於過龍身上分開横面掛落一枝兩邊重岡疊阜皆外背內面如千瓣蓮之緊抱者雖數丈之脈結作亦不尋常又有

幹龍將結省郡數里上分落一枝雖數節龍身亦成美地然在垣局中分落爲貴若在局外分落必自成垣局方可不然雖旁近省郡力亦輕小以上三者不以龍短面少爲限

特降牽連面

特降者自高山跌落低嶺胸腹甚至跌下平地陰囊有節泡遞生大起大伏而來牽連者但小起小伏頂下不生遞脈節泡或有節泡微微起伏而不多或如鋸齒筆架排來牽連者原宜開面離祖之下不開面無妨特降者總須開面行度之處不開面便假出身處最忌牽連

毖須特降行度處雖不能純是特降亦不可俱是牽連特降牽連相間而來龍勢方活牽連多而特降少者次之純是牽連雖非砂體其力亦小平岡龍以收放盤旋爲勢不以此論

開肩之面

星體有開一二肩與三四肩者有邊有邊無邊多邊少者或成橫飛三台席帽筆架五腦七腦九腦六甲金水之帳肩愈多愈佳愈高愈貴均停爲上不均停亦之顯明力重模糊力輕中頂尖聳者大貴其肩要自我之大八字一統罩開每肩枝脚面面向我者眞每肩各分八

字枝脚散亂不向我者假開肩與不開肩力量相去甚遠五腦七腦九腦六甲龍樓其力最大但撞背而中頂出脈兩邊開肩均停如十字樣者最少偏過左右一二頂開面出脈者居多只要自內分開面面相向不拘直來橫來惟三台格後龍撞背而來中頂開面出脈者有之其餘罕見

乳突窩鉗面

長者為乳圓者為突出於分隱脈隱之面中如龜鱉戴泥之狀者名隱乳隱突出於分顯脈顯之面中如垂鼻覆拳之形者名顯乳顯突隱者氣嫩只要在個字分金

之面中有矬平而來雖不再有脫卸即可以嫩乳嫩突爲入穴之毬簷顯著氣老雖在個字分金之面中有矬平而降必須再有脫卸另起貼身微泡方可爲入穴之毬簷夫毬簷者非比來脈上高起一塊即謂之毬簷也以毬後分開之蟬翼無一矬之峻作伏落之勢無還亂之平作泛起之形是以兩邊拉下而低垂惟中行之脈路有一矬之峻作伏落之形於平後故有還亂之平作泛起之形於矬前是以中心頓起而有突若無蟬翼低護於毬旁無矬平於毬後雖有突泡之起亦非眞毬蓋毬旁有蟬翼之分毬後有矬平之脈方有痕影之蝦鬚

水在蟬翼外分出而合抱其圓唇脈始清而活氣始動而止也謂之毬簷者一字有一義兩義合一物也自其毬前平盡之處有突起之頂言之謂之突自其頂前分開之下有毬落之坳言之謂之簷無毬則生氣不聚無簷則葬口不開但毬之突起處脈猶未止也然猶未化也肎待毬前有分開之微口毬落之峻坳如帽簷之圓如屋簷之滴方脈止而氣吐陰化而爲陽二者有相須之道故合而稱之爲毬簷古人謂無广不成穴以丶如毬一如簷其突起也如淋開堆起之轂堆其開口之毬如咬去一塊之饅頭又謂之孩兒頭者以毬不可飽硬

欲其有微分之隱八字微蟹之呼冇如孩兒之顖門在頂前微凹處簷之微平處其止氣方不死而動譚氏曰毬簷之下畧生窩葬口原來正是他此是天然眞正穴就中倒杖豈差訛又曰到穴星辰梗塊至毬簷目似穴天然肥圓開口宜融結葬口原來在面前今人悞認簷在穴前卽破毬而葬葢未見此也若窩鉗穴頂上分開兩股雌雄砂裸定人中水於當中儼如界水之槽無脊脈毬簷可見無分合界水可憑與乳哭迴别然則無脈無毬而可穴乎曰脈有陰陽不同陰脈在哭上行如人手臂之脈陽脈在凹中行如人手心之脈雖有有脊無

脊之殊其呼吸浮沉之動氣則一也乳突無呼吸浮沉之動氣則亦無脈窩鉗有呼吸浮沉之動氣則亦有脈葢脈之有無在動與不動不在脊之有無也然則何以見其動乎曰亦在微有微分微有微平之間見之微雖微分之下有微微之有是氣之呼而沉微有微平之盡有微微之起是氣之吸而浮則微雖微平微有微起遞遞而來者皆呼吸浮沉之氣使然脈隨氣行氣到而脈隨之矣但窩鉗中之微起非果有一塊高過兩邊也因兩邊分去之紋理俱無雖無平不見其有亦不見其起中間一路獨有隱隱之分心而雖平俱有則雖處見其

有平處見其起但非如乳突之起有分水之脊也蓋乳突是陽開裸陰雌雄外結故界水分開兩邊窩鉗是陰開裸陽雌雄內結故界水不分兩邊界水不分中有水矣奈何曰水有陽會陰流之不同窩鉗中肌理分開舒坦有肉者水必鋪開而無溝謂之陽會水若肌理歛入逼陷無肉者水必成溝而直下謂之陰流水謝覺齋曰欲識太陽金水穴又無珠乳難分別水來破面聚人中水若行時脈不歇歇時須要到三义氣止水交方是結淋頭割脚要消詳推枕毬簷尋活脈是指陽會水言也楊公曰鉗穴如釵掛壁隈最嫌頂上有水來釵頭不圓

多破碎水傾穴內必生灾是指陰流水言也故窩鉗不忌陽會水只忌陰流水然水雖陽會終無分水之脊何能使穴中無水乎曰有隱隱之分勢水從隱隱之分勢而分去有隱隱之縫平水從縫平之兩邊分開不從縫平之中間一直流下故不成溝而名陽會水雨滲入土亦隨分開之紋理兩邊斜斜滲去故壙中自無水淋是以窩鉗之穴形俯而穴低穴後有數丈高墈甫眼視之似爲界水而實無水淋也然無垂頭之勢吞氣之吐弦稜之伶俐中間必無動脈而有水淋故此三者又爲看窩鉗之先務有此三者然後可看動脈有動脈然後可

察毬簷但窩鉗之毬簷不能如乳突之顯然突起只可觀其水平臍結處爲穴臍結者其上必有一𧺝之墈如簷之滴一𧺝之上必有一平之盡如毬之起則窩鉗之毬簷亦即是動脈之𧺝平盡處也既円又無珠乳難分別又曰推枕毬簷尋活脈正欲人於無有之中察其呼吸浮沉之動氣耳形仰者去頂不遠即有平臍立穴猶易形俯者去頂數丈方有平臍立穴甚難須遵水若行時脈不歇之語扦於水平臍結之處爲宜若陰脈結穴亦宜合覡乾就濕之法如奏急而扦則傷龍閇煞兩掬圓抱如笴箕金盤之形者曰窩兩臂直垂如金釵火鉗

之形者曰鉗窩有大小深淺之不同鉗有長短曲直之不一有撞背而開者有橫過而開者有勾轉而開者俱要頂頭圓淨有分金之面內觀外觀其微砂顯砂俱有外背內面之眞情抱向者方有弦稜生氣但窩無圓唇不成鉗得平脣便結界水成溝破頂窩鉗並忌界水唇下成溝窩忌而鉗不忌微微窩鉗承胎而葬金盤之窩穴必居中側鉗挨食指根之轉皮合鉗扦兩鉗盡處之胖肉開鉗看後倚前親之勢邊鉗觀股明股暗之情此皆易曉惟大窩深窩長鉗直鉗之形俯者其低中有陽脈呼吸浮沉之動氣最爲難認故詳於此

附論乳突篇

乳突窩鉗雖形體不同而陰陽變化葬法則一但乳突無窩鉗不眞窩鉗無乳突必偽蓋乳突陰也毬旁蟬翼分開抱其穴暈此卽隱隱窩鉗陰化而爲陽也窩鉗陽也穴後毬簷突起証其穴情此卽微微乳突陽化而爲陰也所以乳突之顯者不可無隱隱窩鉗窩鉗之顯者不可無微微乳突而微乳嫩突亦必有隱隱窩靨之穴暈淺窩短鉗亦必有微微乳突之毡簷以見陰陽交互而成太極內照經所謂上有天輪影下有土堦巾成太極暈是也天輪影者毬簷肌理

分開金面如天之圓土階者唇毡托起如地之厚兩旁痕影水分垂於下太極暈平坦豐隆含太和之氣介乎其中如男女媾精胚胎初結生生不息而三才始備故穴法多端不外乳突窩鉗四者而四者結穴總以毬簷唇毡爲証蓋有毬簷水方能分有唇毡水方能合平洋分合篇所謂眞分合者亦指貼穴分合水言也若天輪影邊高邊低金面不正似土堦而邊凹邊凸或偏斜傾瀉者卽是分不成分合不成合其中何能有太極暈此惟智者明以辨之更合棄乳扦窩避突就鉗或有窩而葬乳有鉗而葬突皆爲窩鉗

無微微乳突乳突無隱隱窩畱孤陽不生獨陰不化毬簷唇毡不真故耳按內照經以毬簷爲穴星必合四個星辰方眞曰紫微形如隱鉗曰太乙形如雞距曰旺龍形如覆釜曰木星形如玉尺有顯然成形者有隱然出面者其痕影小水界氣成形總以見其毬簷形體不一故附錄於此

石山

土乃山之肉石乃山之骨觀人骨中有氣則石中有氣亦可知矣然石山總宜開面其石八字層層分開有毬有平穴情眞的或石隙土穴或兩旁硬石中間嫩石可

鋤或兩畱是石石下嫩土或圓唇是石而不欲斜者其福力惟視開面之大小多寡地步之廣狹爲轉移不因石而有煞或反得石而清貴或得石耀而兼兵權者有之惟穴後石無八字而石紋眉生歛入無縫無不脈無動氣或飽硬巉巖不開金面不但穴中有直生尖射之石爲煞即石中土穴亦有煞而不可扦也

葬書云地有吉氣土隨而起是驗眞氣於石也蓋山體屬金金氣旺盛則生石其因氣而行截氣而止形跡較土更顯力量較土倍重石之行也頭向前者爲奔勢脚向前者爲降勢兩邊\丿壁立分開是大分

勢微微露起如八字是小分勢石脈一線委蛇曲折出於大分小分之中或大小相間高低起伏或如梯級或如鋸齒或如波浪凡此來者皆氣之行也兩邊平坦中間微高如束咽者是氣之入首也然石勢雄急非頓立開面勢不能止其止也如壁之立爲正開面挺立而頭俯爲垂頭開面有石毬開面而簷是土者有土毬突起而簷是石者或開面之下更有石脈鋪出分解開鉗中含眞土或落下不出石脈有眞土隆起均宜認脈索氣而扦切忌鬬煞但頓立之面高者數丈低者四五尺兩旁之石亦必開面向我者爲

眞如開面而破碎欹斜或一邊斂入或一邊向外或
一眞生下無論大小高低皆是假地其有兩邊開面
一面向正龍一面自去結穴者總是護砂又有瀟山
之石皆向一邊開面者是他山之朝應有似開面而
巖穴空洞者是縮氣之山脚或似壁立而零星間土
與駝出而肥瀟者是山之後背此皆開面之假也若
老山之石滑而渾大嫩山之石潤而多紋在山背其
紋直在山脇其紋斜在山頂其鋒銳在開面其紋橫
石鉗生於窩中石生乳突送砂形如ノ乀顧穴勢必
彎環故捍門華表北辰羅星諸體半是石山更有石

關橫於溪河爲鉄門金鎖其內定有大地蓄旺氣自祖山發足融結眞穴於大龍將盡未盡之間氣復有餘包羅在外近則見於下砂遠則見於水口然石山結穴雖憑石之開面仍以得土爲眞而石紋裸轉與石山內顧皆不可不察也

峻山

峻山有坐卧立三體星辰不開面無動氣者皆凶開面而有動氣者俱吉非出緩便吉陡峻卽凶也賴太素掛鐘形鐢壁而葬楊筠松掛壁燈貼壁而扦此皆先哲之垂範今峻山高穴發福者處處有之只要星辰開面大

八字有稜角脈路有隱分之雖平或數次或十餘亦或畧有顯分仍有隱隱雖平在其中者更妙分處是開陽獻面平處是束陰吐脈雖下有微微之有即是氣之呼而沉平盡有微微之起即是氣之吸而浮有此陰陽變化呼吸浮沉之動氣仍是千般怪穴皆可扦葬況端正開面之峻山乎但峻山之穴無微窩則氣不帶無石砂則氣不收二者均不可少

獨山

經曰氣以龍會而獨山不可葬也此惟山谷中之單山獨壟曠野間之閃散孤山不開面而無動氣者言之若

眞龍行於平地忽然突起一山開好面而自動氣者即無陰砂纏護必有裙襴兜收或以水繞當山纏或以遠山為城郭不但開脚星辰有龍虎護衛者可扞即正體星辰無龍虎護衛但得毬簷蟬翼或虬鬚砂蔽棺者亦可扞葬福力視後龍之輕重得水之多寡而推不因山獨而減也

高山

高山穴如金斗形之梁上穴揷劍形之靶上穴照天蠟燭形之焰上穴仙人大座形之顖門騰頭穴是也其龍虎纏護水口近案不如低穴之可以外借俱要本身自

具眞面向裡下雖高峻到穴如登平地拜壇兜衿之外猶有餘地平鋪不待塡砌者方可或無生成之平或雖有平而龍虎纏護水口近案非本身所生或雖本身生成而無眞面顧內或有眞面顧內而本身不開面無動氣俱假即有本身開面動氣而後龍不脫卸無纏護者僧道之地雖有脫卸纏護而無臺屏帳峽聳出者丁財之地雖有臺屏帳峽而一出龍虎之外只有本山獨高餘山皆低者仙佛之地惟臺屏帳峽俱備送從纏護齊高方爲富貴之地其力量大小亦在龍格輕重地步廣狹推之但高穴收山不收水取天清之氣居多峯巒不

秀不成大抵貴多而富少名高而望重

偶有開面

或曰有一節開面便可言地乎曰必分龍入首入穴俱開面者方眞若分龍開面而行度山頂及入首入穴處牛山與毬簷俱不開面者假惟到頭穴山出脈之化生腦遞脈之突泡臨穴之毬簷俱開分金之面有雌平呼吸浮沉之動脈者必能結地大小久暫當看後龍

大祖

經云只要源頭來得好起家須是好公婆故論祖宗者必以出身之大祖始大幹龍大祖在數千里之遠特起

名山跨州連郡高大插天萬派之山皆祖乎此所謂權星是也凡一省一郡各有權星仙佛王侯卿相之地必本乎此小幹龍大祖在數百里之遠亦必特達高壓衆山頓起龍樓寶殿金鑾瓊閣諸形所謂尊星是也正幹之地必本乎此枝龍大祖卽大幹龍之分枝亦有遠至數百里數十里者貴者臺屏帳蓋其次大面星辰再次小面星體所謂雄星是也大祖雖遠近不同均須開極大之面若大八字大護帶亦多行度處辭樓下殿降勢跌斷兩邊護從岡阜多者爲正龍貴格如大八字小護帶無多行度處辭樓不作降勢或但有牽連之形兩邊

護從岡阜少者爲旁龍格繆仲湻曰山分八面出各有枝勢之所向其結必多又曰衆皆趨蹌我獨張揚皆辯貴賤正旁之提訣蓋出身處關係最緊前途雖遠莫不預定於斯管氏曰遠奪天地踪跡已形於此正指此也

分龍

分龍即出身處楊公謂之源派定祖宗窮本源察長短辯眞假審力量莫不於分龍處觀之未分龍以前雖有高峯大岳乃衆山之祖本山大祖必以分龍處爲是故以之定祖宗未分龍以前雖有千溪萬壑乃衆水之流本山水源必以出身處旁分兩水夾送龍身漸以成大

會於局內外明堂者爲是故以之窮水源未分龍之前雖有千里之龍乃衆山所共無與本山之短長必以分龍處來歷千里便知有千里之龍故以之察長短未分龍之前雖有至貴之龍無關本山之眞假必以分龍處開面出脈者爲眞龍否則是假故以之辨眞假未分龍以前雖有至美之龍如祖父富貴難以福庇子孫然必分龍處星辰開面肖其祖父方承其蔭若開面不美祖宗雖美意必他屬縱有結作小地而已又如未分龍以前有至粗之龍如祖宗貧賤不免貽累後裔若分龍開面星辰仍類祖宗之粗蠢者方可限之如變粗出嫩前

結美地故以之審力量是以分龍處要開好而之大星辰子微曰分龍要起大星辰不起星辰氣不生務要蟬翼護帶而不孤單董德彰云出身處有蟬翼護帶前去必結大地要線脈蹺頂而不顧人蔡氏曰出身處線脈蹺頂方見來歷之眞須要翔舞自如楊氏曰眞龍屈曲不朝人挺然直出勢最尊要有屏帳卜氏曰出身處列屏列帳要峯巒成座子微曰龍無星躍低低去此是賤龍出身處要盤旋曲折又曰龍行身直不廻翔此是死龍多不祥故龍之貴賤生死只在分龍出身處定之出身美而到頭不美必有閃結到頭乃其僞氣出身不美

而到頭美者必是小結不能久也

祖宗遠近

經云祖宗積累有根基子孫終須與人別所謂積累者非徒一大祖一少祖也少祖以上其間低小星辰可以無論凡有高大出衆星體不論多寡均為遠祖遠宗以歷代積累根基甚厚故子孫發達亦長祖宗節數多者力大而久節數少者福微而短幹龍長而祖宗多枝龍短而祖宗少分掛枝龍無特起之少祖况遠祖遠宗乎凡遠祖遠宗開面地步與大祖同論但大祖即是開創之人所關最大開面不美地步不廣便非貴龍開面地

步兩者俱無卽是砂體遠祖遠宗如守成者關係少輕面小星粗無傷大體惟近祖近宗星辰醜惡開面全無出脈如急牽線覆鵝毛者雖遠祖遠宗甚美亦不能裕後行至此節不免災凶若開面星辰勝於大祖大宗行至此節必致富貴故遠祖遠宗雖關休咎而近祖近宗尤係禍福也

龍格

今人見元武後一節之頂以父母名之二節之頂以少祖名之後龍許多節數俱以遠祖遠宗名之並不論分龍長短星辰吉凶漫謂之祖宗無怪大小不明禍福莫

辨也必須察分龍之長短方可定祖宗之多寡觀星辰
之吉凶乃可推後代之應驗如龍身短者分六龍一二
節即入穴分龍便作大祖入首便爲元武而無少祖遠
宗蓋未分龍之前雖有許多節數衆龍共之本山只分
其旺氣不得認爲已之特祖故曰掛祖分受發福不久
又如龍身長者雖有許多節數若不特起高大星辰但
低小牽連兄弟相若而來兩邊護從少者不得誇龍長
而祖多也如此者雖有開面不過四五等格又如雖有
特起高大星辰若不跌斷成勢對看似成星體橫看牽
長一條亦不得誇祖宗之高大若此者面必不大從必

不多亦不出四五等格又如雖有頓跌星辰若不能特起特峙開面成座枝脚橫鋪廣遠但伯仲相若形如鋸齒之齊枝脚短縮而不揚者亦不得誇星峯之秀如此者雖節節開面不過三四等格必有成座特達之星開大面而出低脈前後間星生於其間大小收放相間而來送從之山亦起星峯擁護方爲三等格中富中貴翰苑科甲之地若有開肩展翅列屏列帳成座尊嚴佔地步廣濶之大星生於其間行度處大者極大小者極小收處極收放處極放如祖孫父子相間而來送從之山疊起星峯衛護有聚嶂行嶂坐嶂之氣象者方爲一二

等格凡聖賢仙佛后妃王侯將相大富大貴之地其規模大抵如是故辨地之大小只在星辰極尊不極尊地步極廣不極廣肩臂停勻不停勻別之又有近省城之隨龍穴與出洋之大旺龍枝枝結果節節開花但分得大龍二三節或只得貼身一掛護從多而面大者大富大貴護從少而面小者次之倘山體小巧細嫩不能復開大面而得砂水眞向者多卽與大面等蓋大面原是一二等龍身來者數十里之遠帳峽多而脫卸淨一節勝彼百節故龍不必長一尺勝彼百尺故面不嫌小

枝幹

龍以枝幹名以木喻也木自根達於巔曰幹旁出曰枝幹復分者爲小幹枝復分者爲小枝大枝即枝中幹小枝即枝中枝故有大幹小幹大枝小枝之別古人定枝幹其法有四有以水源長短定者如大江大河夾送龍身者爲幹龍小溪小澗夾送者爲枝龍或一邊大水一邊匝水或一邊小水一邊大水夾送者亦爲枝龍有以雲霧有無定者如高峯大嶂其巔常有雲霧者爲幹龍低小而無雲霧者爲枝龍有以星峯有無定者如渾厚博大不起星峯者爲幹龍秀麗頓跌星峯多者爲枝龍有以峽中人跡多少定者如幹龍數千里而來斷處多

係省郡通衢峽中人跡繁多枝龍數里一斷斷處爲鄉村小徑人跡稀少乎定枝幹亦有二法一以峽中所到兩邊大界水定之大幹龍峽中所到大界水必數百里而來小幹龍數十里大枝數里小枝則里許而已又以大祖分龍處細審落脈正幹必縱横自如不顧他人旁枝必環抱護從面面相向枝幹之分二法亦可盡矣然枝幹不可以長短論有枝長而幹反短者蓋幹龍每從腰落而旁龍前奔數十里以作護衛若不以地步廣狹開面多寡大小辯之何以別其重輕分其主從乎但幹龍結穴有脫嫩而結亦有不脫嫩而結其正傳嫡支又

有混於眾枝之中似難分別惟以節節開面縱橫收放自如護從環向多者爲正幹分枝掛枝亦有大小不同仍以護從多地步廣者爲優又如分枝正落共一龍身欲識其輕重亦以此法定之

中出偏出

山龍中出偏出凡開帳落脈高大星辰皆當並論惟大祖出身處爲最重此面中出者前途所出皆中郎行度處偶有偏閃其大勢自然不離於中力量自重此處偏出者前途所出皆偏卽行度處間有中出其大勢自然不離於偏力量亦輕其所以偏出中出者氣稟之有厚

薄也稟氣厚者正而不偏或先正而後偏其力量重可知稟氣薄者偏而不正卽閒有正出或偏重而正輕或偏眞而正僞其閒不可不辯今人薄偏喜正者大抵不識其眞僞重輕曷不以中出偏出之閒視開面之有無定其優劣

應星

應星者大祖之前再起星辰以証應其所受之眞假貴賤也蓋大祖尙是分派衆共之龍惟應星是穴山所獨受無應星大祖雖美其注意不在此有應星不開面亦假粗而不文秀者不貴高大與大祖僉崎尊卑失序亦

不爲貴須畧小穎異合尖圓方三吉之體開面端莊方足証其所受之眞貴楊公曰看他辭樓并下殿出帳聳起成何形應星生處別生名此是分枝劈脈証吳氏曰尋地先須認祖宗更於離祖察形踪辭樓下殿峯巒秀預識前途異氣鍾皆指應星言也辭樓者如臣辭君客辭主下殿者自殿頂而下至二層三層直到階陛也辭與下者即特起特降之謂然必先下而後辭不特地而降緩步牽連而降者不得爲下殿必須上自山頂下至山麓方成特降之勢不特地而起緩步牽連而起者不得爲辭樓必須離祖數里頓起大星辰雖不可與大祖

相盃亦須成座尊嚴佈置地步堪爲應星如此方有勢
前去必成大地行度之間亦須特降特起有一二座峯
巒聳拔者方是貴龍樓殿惟幹龍有之枝龍卽無然其
陟降之勢亦宜如是若牽連而行斷不成斷起不成起
起不卽起斷不卽斷所結必小

少祖

將入局數節特起大星辰爲少祖廖氏謂之主星此大
祖還宗關係猶緊入式歌云若是山家結穴龍定起主
星峯主星大小合龍格造化便可測言結穴之龍得特
起之少祖作主星合龍格也上格應大富大貴中格亦

之下格又次之賤格小康凶格應凶蓋屏帳蓋成座大星體纏護疊疊上格也開面尊嚴星成大座纏護不缺中格也開面端莊星成小座龍不孤單貴格也牽牽連連前後相等無特起特斷之星辰賤格也雖有特起星辰粗蠢醜惡凶格也星辰高聳而不秀麗不開好面亦凶格也不入格之少祖可以無論成格之少祖在穴後二三節間其力重大若離祖大遠則無力矣結作尋常得穴後一二節間再起開面好星辰方能融結大地入式歌云二三節後合星辰福力實非輕節數遠時福力少再起主星妙經云穴坐主星當代即貴即此意也

開面地步

地之眞假大小何以辨之先觀開面之有無便知眞假之概再觀開面之多寡大小及地步之廣狹而地之大小亦知其概何謂開面只以分斂仰覆向背合割八字察之分而不斂仰而不覆向而不背合而不割者爲開面四者之中有一反是爲不開面何謂地步只以縱橫收放偏全聚散八字察之縱長橫廣收小放大局全而聚大者地步廣縱雖長橫不廣收雖小放不大局偏而聚小者地步狹

向背

何謂向背蔡氏曰向背者言乎其性情也予謂無向背
則不見性情無稜角則不顯背面稜者分開大八字有
脛稜也角者明肩護帶之稍如月角也如手臂鵝毛之
側起外背內面而相向爲有稜角內背外面而相背爲
無稜角或如手臂鵝毛之覆與仰而不向不背亦爲無
稜角外背內面而有稜角者抱來固爲向豁開亦爲向
如蓮花半開時固向其心至謝時而花瓣垂下亦未嘗
不向其心內背外面與無稜角背面者豁開固爲背抱
來亦爲背如鄰菜之葉與我菜心相違固是背我即盖
過我菜心之上亦是背我蔡氏曰觀形貌者得其僞觀

性情者得其眞原其向背之故只在分之眞假辨之觀花瓣茶葉無一片不向其心則可通其說矣花瓣茶葉之皆拖向其心者以其從根蒂分出自相護衛也不然則必有參襍之勢分立之形何能片片外背內面而相向乎是以知眞分者護衛自己故向而不背假分者羽翼他人故背而不向雖不羽翼他人亦不護衛自己而爲閃散之砂故無向無背也夫花與葉之生氣不可見觀花瓣茶葉之相向而知其生氣在於心地之生氣不可見觀大小八字之相向而知其生氣在於內語云下砂不轉莫尋龍其卽向字之謂乎但上砂向易下砂向

難得下砂向則上砂不患不向必有地矣此語豈非尋地捷法乎今人不識轉字卽是向字背來駝我者悞認爲轉無背無面而生轉抱來者亦認爲轉觀形貌而不察性情烏能得之至於大龍方行而未止之處只一重下砂眞面向裡亦未足恃楊公所謂纒龍尙須觀叠數一一重恐是葉炎互三重五重抱回來方是眞龍腰上做也他如朝托侍衛及水口砂星辰之向背則於此稍異亦以分大小八字腰軟而肚不飽外背內向者爲向無大小八字肚飽而腰不軟內背外面者爲背卽非背來駝我無正面之情向內者亦爲背此背不關地之眞假

但滅龍之福力若後龍星辰之大小八字不相向或有
一邊向人者爲假龍穴山之大小八字不相向或有一
邊向人者爲假穴後龍之大小八字相向而兩邊送從
纏護皆向而穴山之大小八字有一邊不向者雖有穴
必在他處穴山大小八字兩邊送從纏護皆向而朝山
不開面相向者必是枝龍而非正幹水口山不轉面向
裡者必是借用而滅福力祖山分龍兩邊岡阜向多者
龍旺横龍降脈背後孝順鬼逆抱者穴眞入穴見向而
遠觀似背者非龍遠觀似向而入穴見背者非穴外不
像背而內有稜角相向者可取外雖似背而內無稜角

相向者可棄不向左不向右而節節鵝毛氄再得左右砂相向雖旁龍亦可取裁或向左或向右而形如側手臂左右砂更有一邊背我并本身亦爲砂體本身龍虎向而外層皆向者地大外層不向而本身龍虎向者地小有等龍虎氣旺曜氣飛揚自本身龍虎一向之外卽飛揚而去得揔纏護水口山面面相向而抱住其飛揚之砂者反爲大地此當求之尋常識見之外然亦當觀其祖龍何如若祖龍行度節節開面而分龍出帳過峽之處兩邊迎送纏護重重相向者方可又有一等龍身於始分再抽之際兩邊護從岡阜向者甚多至結穴處

但得水纏並無護從只有一股陰砂僅堪薇穴亦爲大地故向背之本在分龍作祖之處穿帳過峽之時而到頭之向背特其標耳又有一等旺龍枝枝結果節節開花一局之中結數地數里之中結數十地其砂必各自顧穴何能層層向我而不背只好論其本身之枝葉不顧人而向自已更有星面穴面便是美地其外層皆自去顧穴何能枝枝向我只要借用得着湊拍得來像個結局內不斜竄壓射便隹亦仍以眞向多者爲勝又有一種怪穴後龍之開面垂頭臨穴之結臍吐氣甚眞而龍虎狀貌反背而去以常見論之何能成地及細察之

其反去之處有隱隱稍紋抱進或層層石紋裸轉者亦成眞穴如反肘粘高骨鷺鷀晒翼雁鵝反翅諸形是也然非明堂之證驗垣局之會聚者不可

坤道珠璣曰衆山拱向似乎有地然要辨其眞假旣曰拱向復有眞假於何辨之在乎識背面而已楊公曰君是面時寬且平若是背時多陡岸凡山之拱向者果皆有寬平之面在前更有陡峻臃腫之形在後乃見面內背外是眞向也若反此而狀雖向我其實無面便不爲眞向向主山不眞主山便不結地故看地當內看外看也內看者立於作穴之處看四面之山及本身左右皆

有情向我否若衆山無情向我便結穴不眞外看者四面之山儘有穴內見其向我穴外觀之乃反背無情走竄他向穴中所見向我者便非眞面向我者假便非眞地故內看尤不可不外看也但形貌背而性情向者外觀雖反背內觀則有情龍穴砂水件件眞的又不可執外觀之法而槪棄之葢大勢反去爲形貌背石紋裸轉爲性情向如上所云鷺鷀晒翼等形是也故石紋之向背更宜細看

縱橫

何謂縱橫縱者龍身委蛇一起一伏向前奔行是也橫

者開屏列帳兩旁分佈是也二者均不可少然佔地步偏重於橫龍有蓋帳自然佔地步有蓋帳羽翼者方可為龍無則為砂蓋帳大而羽翼多佔地步廣者為幹龍蓋帳小而羽翼少佔地步小者為枝龍大帳前垂兩角小帳包裸重重於內力量最大包裸星辰不開面者次之但豁開而不包者又其次也一縱一橫為十字帳借縱為橫為丁字帳借橫為縱為偏出帳邊多邊少為不均帳其勢張揚飛舞者龍行未止收斂回頭者龍行欲住其大小行止皆辨於縱橫也但行龍直來而橫開者無幾大都借縱為橫借橫為縱者居多蓋縱橫互借閃

乃轉身層見疊出地步始廣枝葉方茂結作多而力量大若直串而來旁分枝葉縱橫不借者一龍只結一地

收放

何謂收放收者跌細過峽也放者放開枝脚也纏護迎送開帳皆放中之事攏龍之鶴膝蜂腰支龍之銀錠束氣皆收字之別名蜂腰旁之蟬翼銀錠旁之陰砂乃放中之至小者蓋不收則氣散而不清健不放則氣孤而不生長猶火筒與風箱必小其竅而風力始健又如草木必放開枝葉而花果方成故善觀地步者必於峽中觀之李氏曰跌斷非峽謂夾以兩山若無迎送之砂雖

跌斷不爲峽謝氏曰無關不成峽謂峽旁無水口又無迎送交鎖之砂以關其峽水也何潛齋曰神仙地理無多訣未曾尋龍先看峽峽中須要有明堂內峽外關堂氣純結得深時垣氣眞結得淺時垣氣泄言峽有迎送關鎖砂兩旁自有聚氣明堂方爲好峽其峽之淺深謂迎送關鎖砂之多與少密與疎也觀此則峽中地步可見矣

偏全

何謂偏全兩邊皆大江大河夾送而垣局水口纏護盡托皆本身自帶者爲全局則結穴之地步廣一邊大水

一邊小水夾送者或兩邊俱小水夾送而垣局水口纏護益托半借外來湊泊而成者爲偏局則結穴之地步亦狹全局偏局之中又各有大小數等可推而知夫纏護益托不假外來湊泊者數百之中不過一二垣局水口欲其不假外來湊泊者非大幹龍不能有也故天下全局最少偏局最多

聚散

何謂聚散以龍身垣局明堂俱有聚散不但砂向水繞爲聚砂背水走爲散也龍身之聚散以乘論龍之來也如層雲疊霧合氣連形遠大者千百里近小者數十里

橫亘綿延或以五星或以九星聚而不分謂之聚講益分枝劈脈幹從中出枝向旁行過峽穿帳兩邊各起峯巒或天弧天角或旗鼓倉庫叢聚拱護謂之行講來歷旣遠必有住處如貴人登堂僚佐屬官排列拱揖又如行人抵家骨肉團聚謂之坐講有此三講其龍乃旺不然孤單無從非散氣而何坐講之處即垣局之所四面八方之龍皆於此住四面八方之水皆於此會方爲大聚一二面之龍於此住一二面之水於此會則爲小聚千百里之龍於此住千百里之水於此會乃爲大聚數里數十里之龍於此住數里數十里之水於此會亦爲

小聚不論大聚小聚終是大家所共還須各立門戶自成明堂以爲貼身用神方爲眞聚門戶者龍虎近案水口下關也要外背內面相向有情明堂者穴前之小明堂龍虎內之內外明堂也要不傾不側窩平容聚蔡氏曰大勢之聚散見乎遠穴中之聚散見乎近二者有相須之道焉故大聚之中有數十里之龍幷住小聚之中有數里之龍幷住均有門戶明堂皆要成星開面或嫡傳反隱拙支庶反魁悟欲辨其孰輕孰重須觀其始分再抽之處護從岡阜向者多而出於聚講行嶠之中幹者爲最貴不然雖居大聚之中只得小聚之力故善觀

地者於始分尋拙之處已知其得水得局之概矣

葬法斷驗錄要

論穴中土色法

井中之土乃穴情融結之土也不可不辨世俗開井便看土色經云夫土欲細而堅澤而潤言土性也裁肪切玉備具五色言土色也若乾如掘粟濕如瓜肉水泉砂礫皆爲凶也開井見純紅純赤純黃純白者皆爲美也純青純黑如靛如黑亦有吉凶之辨黑中有水氣蟻路斷不可用夫五性不一土色亦不一有純黃相間者有黃白相間者有紅白相間者有四色相間者又有如梹

稱文者又有如瑪瑙文者或四色內間有青紅少許者皆爲好土夫土欲其細膩光潤滑澤鮮明撚得成丸推得成粉者亦爲好土夫土九州土壤不同燥濕亦異難以概論形勢吉土色又佳者是爲上地也有形勢不吉土色甚佳者葬后禍不旋踵亦有形勢吉土色不佳者扦後富貴並臻今後爾等還以形勢爲主土色次之

土色第二條

夫論土色作穴者雖云觀土下穴亦要察龍有無土色雖佳龍神不正豈可下手但看閒山曠野亦有五色花土葬下反敗何也龍神不正穴情無氣故也夫土色取

其變化有氣者温潤細膩堅實皆爲佳也或五土四備者上吉或似土非土似石非石擊之即碎見水成泥皆爲可用擊之不破見水不化斷不可用或滿山五色土徧山皆惡石穴中得細膩之土亦吉開土土內如龜如魚者吉乃旺氣結成非活魚活龜之謂也

論石穴法

又有石山土穴乃似土非土之石柔脆如軟鍬鋤可施必要先尋得形勢好者穴中有此土者爲眞非是漫山亂踏掘得有土即以爲穴而欺人也或有怪穴穴外有石占者必要用工鑿開內面有土極吉若鍬鋤不入是

為殺氣斷不可下下之即敗又有土山石穴土皮上面有員暈有界合証佐分明二三尺下有石層層大則生根小則石塊其石可除乃為吉穴若得似石非石之土尤佳平洋石穴者少高山有土穴者亦少何也無石則不能藏風風不能藏定然生蟻凡是眞龍所結穴塲必無水泉砂礫有此必是點穴不眞之故也

葬法

布衣妙訣補天工大小淺深息不同唧借懸園共九訣形家緊要在其中更詳浮掘從沉鑽輔相裁成到處通

賴公七十二葬法實為因地制宜為堪輿家緊要秘

訣摘錄十五條於左以廣形家之目

大葬　穴暈大者當用此法

生氣濶大則靈氣之聚亦大星辰高峻龍虎舒寬而穴小不足以受氣則氣蕩而溢於穴外烏能返氣入骨法宜兩邊附葬大其羅圍墳堆可也雖無定式大畧宜於三尋五尋之間

小葬　穴暈細小當用此法

生氣小作法宜小而塚不過一尋兩尋之間葢穴小者其星辰龍虎內堂大都俱小亦有居大局之中必大局中又成小局但有影無形而心粗氣浮者不能察耳葬

得其法發福必快苟失其法則滿棺水蟻亦主冷退絕
丁不可不慎也

深葬　穴面上土色鬆散下層堅實當用此法
博厚之質其氣深藏平岡上皆鬆散土山隴上皆沙石
土失之大淺則骨爛而禍斯匯矣

淺葬　穴內上土下沙當用此法
仰掌之脈其氣輕清而靈光凝於土皮之上鋤一二尺
即可放棺若三四尺之下便沙石矣若置棺於沙石之
中則水蟻侵棺而骨爛矣

息葬　脈急硬直當用此法

星辰粗大元武雄猛煞氣直奔穴中唇口雖有餘氣生氣流於極旺之處若不攔却其殺烏能沖和其止息者憩也止也宛而中蓄之義經曰氣行地中其行也因地之勢其聚也因勢之止然則葬也者葬乎止之義也今見主頂端嚴龍虎環衛明堂朝對俱佳只是垂頭雄猛峻急無所止蓄故以息法葬之蓋粗重峻急之氣經一息則稍和而憩矣則煞氣緩而變爲生氣其法於穴中大開平基將雄猛粗重之體裁成天輪影樣以作近身之蓋形復鑿一深井於蓋形之下而立穴於空井之前培修得宜形勢相合發福極速大抵息法與借法兼用

落平之借不須息高山之息須用借

啣葬　此法陽面小口當用此法

入首星辰大開陽面而渾身俱是死氣只有微微一點之中似凹非凹微見小口之形是天地精粹之氣所生非至貴之地不能有也若就一點之中則靈氣破而水蟻不免離出一點之外則靈氣脫而冷退絕丁故以啣法葬之啣與含不同含者全在口內啣者半在口外其法將棺送半截於脈內半截於脈外不可用磚石厚葬若用磚石則與打破同外用烏樟葉搗汁和灰堅築圍二尺許萬年不朽

懸葬

來龍甚貴入首星辰奇特秀麗龍虎環抱有情而大水又交會於前其為眞氣所聚無疑矣及觀其穴場上則嵯峨峻懸下則鼠尾鎗頭吐葬立葬皆傷人口悶葬則明堂不納靈氣不聚冷退絕丁當以懸法葬之其法將鼠尾鎗頭盡行打去以吉土培作平基厚薄相其形勢而造石屋於平基之上棺用銅練懸掛於中六合俱不着實外培客土成墳則殺氣侵於石屋遇空而化不及於棺自受天陽之氣而富貴綿遠矣久之石屋化為佳土骨化龍鳳之氣穴場細沙者亦用此法又寄園寄所

寄載有湖州西門外十里小地名烏程嚴尚書祖墳是用此法最高處有娘娘廟前父子鋤地至簷石下徑然有聲若中空者因於石下覯窮其境中空方室有懸棺塙棺前擺設几筵爐瓶盆盎之類悉是金銀恣取以出數人暴富其事漸洩因集眾再入棺高四尺長丈餘闘斗之鋸其一角奇香噴鼻將加大斧內作聲曰無傷我我已修成將出世矣其中所有仍爾取也眾隙窺之見一女子身披錦冠九旒儼如王后端坐金椅蓋異之開棺女以纖手揮眾指甲長尺許眾砍其肩無血肉香尸逐跌棺中珍玩金玉充滿石屋眾盡飽欲而出時萬

歷戊子縣令袁公光宇聞之徃跡其地猶見后屍久則迎風化矣卽令掩覆逮衆衆實吐之令四之衆懼乃以所得盡投水中有工字碗令屬袁令碼硓簪長五六寸爲女綰髮者棺內懸一銀牌牌寫流公文約女聘梁昭明太子未婚殞命以王妃禮葬之文約無子止此女才貌絕世甚憐之故厚葬之碑文卽昭明撰嚴氏爭之謂其先祖墓見牌慚阻掘墓諸人皆以罪死無存者

本山上峻急下尖銳者當用此法穴場挖開其下細砂者亦用此法

圍葬

有等大地在平陽處羅城甚是周密只嫌其無近身龍虎寬大無界合法當週圍築墻以衛其氣須闢三匝出入門路俱接三奇局眞氣完固氣得法三元不敗又眞龍眞穴四圍山脚破碎者亦宜用此法

借葬借局

龍砂水三者俱貴而元武峻瀉無可受穴處立穴於山上則陡立穴於山下則濕故用借法葬之其法於當穴處築成闊大平基葬於平基之上借者是借穴星以收堂氣也三局俱有借惟收襟之局稍遲以當面順局故也三停俱有借法而泥水之穴其力更大以其藏聚故

也

浮葬　大乳大突上開小靨當用此法

天氣下降要得地氣上升降與升接天地乃交苟不相接天之降氣竟成偏枯元陽之形何以天地交通然不交通者星體厚重之故蓋少陽之脈氣本淺不得空虛浮陽之氣則氣不止然浮陽之氣似若無根又若有影若得地氣上升升與降接始能有陰吸成胎之美若天氣雖下降而地氣未上升似與陰陽不和焉得丁財大旺故每每有龍眞局備而結少陽厚重之穴本當奕世富貴僅小發而絕者多矣蓋因此地徒受陰結之氣而

未引其上升之氣故也當以浮法葬之其法深開金井結壙於底而置棺於空曠之上則地氣升而與天氣接定主出人穎異早發科甲勳猷竹帛奕世簪纓

沉葬

地氣上升要得天氣下降升與降接地得天交不與天交是偏陰而無上升之氣其勢勝也故少陰之脈氣體沉藏乃地氣上升而成也然必借大氣之下降而後陰得陽噓之逆也葢少陰之脈多用開局其面作深大塚堂審諸四勢若高厚完固則又不可鬬開而受窄陷之四矣若置棺於土之中則氣從下過僅小發而已若深

葬則氣上過大陽鬱結不舒生氣反變爲殺氣定主顛沛絕丁語云善葬者寧失之淺毋失之深正是此種穴法也欲盡地之力量當以沉法葬之其法深造金井結壙安棺做空壙於實壙之上以納地氣升之噓以絕天氣之歸宿則生氣沖和而富貴得矣每見大地往往敗絕蓋葬之失法也可不愼哉

小乳小突界合深陷孤陰不開面者當用此法

鑽葬

小巧陽窩當以鑽法葬之其法深開金井築土堅固小起墳堆此何以故蓋因龍虎之應低也鑽者鑽入於下

必須土色堅佳爲始其土鬆散必假

翌葬

翊者羽翼也眞龍結穴或借外山作龍虎以關堂氣此爲上吉若兩肩弦稜微矮穴被風吹雖龍眞局備亦不能發其法取客土增其羽翼以護其穴定主速發蓋粘倚撞挨併斜插斬截鈎綴此十二法與杖法大同小異惟倚粘二法有虛實之辨法雖不一總不離乎此之一字能知乘氣接氣之妙卽是勢來形止四字便省得許多工夫其始也由乎法中繼則超乎法外斯爲得之

俯察提綱賦

天包地外地處天中陰陽升降以成形牝牡媾交而融結因地形以乘天氣蔭死骨而福生人欲辨巒頭先明星體爲正爲變正五星而變九星有貼有兼貼一分而兼四分旣識星形當明垣局山圍水抱方成生氣之融水走砂飛旣現虛無之象最忌凹風之射刼猶防凶氣之淩侵故聚則成而散則敗靜則死而變則生旣辨垣城進詳龍法辭樓下殿顯祖宗之尊卑列帳開屏別龍穴之貴賤砂結龍結輕賤以分枝龍幹龍變化不一大畧言其生強進旺惡其死弱退衰砂礫破流凶哉病態崚嶒瘦削惡矣凶形至於結作之山必異奴從之狀衆

大則小聳小則大頓中變軟夷內成昂矗而出秀者乃清氣內含瘦而變肥者係精神具足若夫飛潛側眉高卑斜正之分橫閃正回隱顯順逆之異氣來脈伏偷結誰知脈住氣行離結要識騎龍有順倒三般斬關分直橫兩樣結作之場穴形先見水窩木乳火尾土斜金圓蕭而起突水側出而邊窩火尾麒麟理宜剪火交枝雙乳法要挨生入首之處脈法在斯緩急之性不同精秀之形殊異明則露脊起突隱則灰線草蛇認得剛柔方堪倒杖柔脈腦平而軟順縮可作剛氣昂強直急開逆而收爲綴爲離乃虛粘實粘之法或穿或截乃降煞制

急之方乳肥而薾沒杖開金上急下剛對打緩處杖法既明穴情可據窩鉗乳突突覓窩鉗尾曾處高扦乳頭節間深打顯有窩突之形隱爲脈息之象此陰陽之媾處乃二氣之中和既得穴情要精葬法察毬簷之起止觀界水之分合仰掌緩浮而吞乘淺葬覆掌沉急而吐受深扦後龍入首硬直而法用息棺面前餘氣大長而理宜鋤截斯猶葬脈之常當明取氣之妙道始臻於玄奧術乃通乎鬼神但取融結之精神不爲形局之拘束故或沉而鑿深數丈或浮而壘土增培形急氣緩何妨急到急扦脈緩氣剛莫怕緩來緩受氣來脈止而空

中之氣可求脈現氣藏而山腹之中須鑿脈秀形清雖緩來而吐下氣剛形惡反高點而騎形無分有合那知氣伏之情晷現唇氈誰識微情之露至於局完勢聚氣眞形醜故有鏟木剪火之法截蕩壓煞之權須命剖腹以見水須土琢角以成金更有氣凝穴怪駭俗驚庸天秘結於空中無土無石地秘潛於山腹不窩不鉗水巧沒於波中還宜封土石巧盤於大石切忌鑿鋤龍口之穴何妨界水淋頭龍鼻之藏須識兩邊兩穴合結則後坐深槽孤結則脫離龍虎龍漏之穴泉瀝常流露結之龍八風吹射又有龍眞氣住穴顯情明奈垣城之缺陷

實天地之秘機或獨立而無從無衛或直流而無案無朝或坐空而缺樂或半缺而無砂總之無怪龍而有怪穴有怪穴而無怪砂故穴怪龍眞扞之何害穴奇砂拱下之莫疑或取應於明堂龍虎或得證於鬼曜官禽或因近朝而知其斜側或因風入而決其閃偏細察隱情難逃法鑒外有假穴花形最易悞人惑世亦有花形者局好而實無情細觀則背假穴者形具而內無氣詳察則虛故有棄窩取乳棄乳扞窩有突而不下突有鉗而不葬鉗只因生氣不凝縱有假形無用若乃平地之結不異於山最要開窩還宜起突無窩無口縱水交而亦

虛不泡不突雖妙會而是假面目反要分明切忌模糊亂下龍穴之後砂法爲先遠砂觀勢近護察情先觀龍虎朝案急先務也亦求官鬼禽曜以遞舉焉觀水有術來喜之玄盈科而進去用關鎖內堂只宜沉汪大怕泄奔外堂只喜寬容以收氣勢乃有大地無全砂或缺而或逼鬼神有秘水或反而或牽關有餘而培不足以相天工鑿池沼以蓄反牽則由人力總之俯察之道小地收水大地觀龍玄微莫過於穴情緊切無渝於堂氣更識裁成無餘蘊矣巒頭既吉理氣當知倘如地吉葬凶空有山形無益蓋因形以氣成氣以理察砂明水秀合

三垣而崇貴堪期穴的龍眞得六秀而催官立驗先要局完氣聚莫泥陽賤陰尊是以開屏列帳之龍雖辰戌而公卿可發水刼風吹之地縱亥艮而絕滅可憂豈容執理氣以範山川蓋是得山川而推理氣是故千里來龍先察八尺入首左旋右旋而陰陽之兩片以分左落右落而來氣之一毫莫差是以眞行變僞當知截僞之方駁雜雙行須明鑿駁之道夫乘氣固陰陽之至要而立向爲理氣之大端陰陽相見福以永貞陰陽相乘禍來旋踵倘局與龍而不純則內外異而兩向大地則以配龍爲主小結則以納水爲先差之毫釐吉凶頓別至

於砂法簡而易明生旺之方不宜缺陷死絕之位大忌欺凌乃若納水則有玄微論雙山之龍法理之常也從向家之三合勢使然歟玄空取生入尅入之情奇貴取八干四維之格理固自然之妙勢有易命之功情取顧復之玄艮哉秘術格合吉秀之氣確矣貴徵至於精奧宜分三盤天盤主動透素書渾天之龍地盤主靜坐寶鏡穿山之穴遁九宮而知三奇四吉演六爻以推祿馬財官考納音而分金忌剋來龍論宿度而來水防侵坐下起壬半之六十則比而定冲和起壬初之甲子帶解而分爻象分金之係究卦與音音宜生旺比和卦喜五

親具足莫拘泥於旺相宜配合夫來龍至於細度亦要詳明空亡乃虛廢之神關煞忌戰爭之地大差錯乃惡煞之冲小空亡亦無氣之地有冲有殺地支正位見凶殃值空值破干維中線招蕭索理氣不訛星期須善下吉地而逆天和初年禍發得佳城而反地氣目下旋凶故宜推五氣之衰旺遷九宮之墓運取陽氣而求升降之金精用陰形而考在泉之玉兔二德三奇宜照方而照穴貴人祿馬喜蓋向而蓋山至於四柱格局則以本命推詳或用財官印福或造遥會合冲一氣雙飛宜於大局三合雜格利於小扦更有用干用支妙合來龍山

向干龍喜地支之祿馬支山喜天干之貴祿四維之卦納甲爲先故乾忻六甲亥喜丁壬壬求亥祿却怕子爲羊刃亥宜寅合亦須卯未三方故有山向凶煞當分輕重歲破三殺爲占方至惡之神戊己金神係五遁爲凶之物陰府貫箭切忌當頭羅睺浮天也須莫犯月建應小口之災永退爲休廢之位用之有道雖犯之以何妨不得其宜恐觸之而禍見不可拘泥要知通變毋因此而悞失天時得眞傳而自能神化天時既得作法莫虧穿井宜遵地母淺深得乘葢萃要合五星方圓有法壙中注氣忌陰陽之駁雜墎外放水喜干維之輕清注氣

步坐山九星折水量天災八卦正五行以涯氣遇生則行用玄空以防水進神則折俱要生蛇活動同局曲尺硬冲局或有凶涯吉神以控制水若失法放吉位以旋回有改天易命之功實坤轉乾旋之術提清俯察之次序發明體用之一原備具於斯庶無偏廢

覓穴要訣

龍既結穴必有一暈如大極圖也此暈上下左右分眞龍眞穴眞倣眞水四者何爲眞龍毬是也即化生腦脳上若微微有蓋下之紋半月之形曰天輪更妙穴若無毬則無上分爲無眞龍何爲眞穴即暈心之微凹凸是

也凹深而明曰窩窩中復起小突曰息凸高而顯曰突突上復化小凹円脈脈窩曰羅紋突息曰土宿穴無羅紋土宿則陰陽不交爲無眞穴何爲眞砂兩傍夾穴之微砂曰牛角砂以其甚薄又曰蟬翼砂也若無牛角蟬翼爲無眞砂何爲眞水砂內界穴之微水曰蝦鬚水兩水分處曰蟹眼兩水合處曰金魚穴無蟹眼則無上分無金魚則無下合爲無眞水也金魚之內曰簷卽唇氣也穴果眞則四眞畢具其砂水兩者必有一邊明一邊暗謂之股明股暗曰陰陽相交有一不具則陰陽不交而非眞穴矣

其訣不外穴暈毬簷脈息窩突牛角蟬翅蝦鬚蟹眼金魚唇氈數法而已

乘金一條

穴上宜乘金而不可鬭殺穴上有毬宜就毬以乘氣或脈來強硬雄直穴宜饒減放送乃免氣沖腦散之弊脈來柔緩平和穴宜吞縮接迎乃免脫氣犯冷之患而又不可過於吞過吞則破毬亦犯氣沖腦散之弊切宜愼之

相水一條

穴下宜相水而不可犯冷穴下唇厚宜開唇以就祿然

有脈勢平緩宜吞入以就脈不入則氣脫氣脫則犯冷矣若脈勢急直宜吐出以下穴而又不可過於吐過吐則破簷破簷則脫氣氣脫亦犯冷矣

接脈一條

穴中宜接脈而不可離脈即書所云棺不離脈脈不離棺者是也欲免離脈之弊上乘頂蓋下看合襟左右辨牛角蟬翼砂正中作穴其弊可免矣

證應一條

立穴之前後左右宜有好峯證應而不可低缺左邊護穴有情穴宜居左右邊照穴有情穴宜居右形勢一到

便緊緊揆去若稍放鬆便是脫氣即不發福元樞經云葬脈不如葬氣葬氣非高手不能又云法葬之葬法在形裡會意之葬意在形表是葬影更高也然歷觀古蹟畢竟葬脈者發福最快最穩葬影雖高發乃遲緩而葬氣一法旺氣爲先得旺氣者其發亦速果能得竅頭頭是道雖不求發而自發矣

入式歌摘要　廖金精

脈象開井分四樣蓋粘倚撞脈緩用蓋急用粘直倚横撞先息像開井分四類斬截與弔墜息短用斬長截當高弔低墜藏窟像開井分四訣正求與架折窮狹用

正濶用求深架淺折收突像開井分四法挨併與斜揷
突單用挨雙併中正斜偏揷同

脈訣一條

脈音孤臍也非脈字也脈是有暈脊中生少陽微陷脈柔緩則用蓋法從頂上扦之脈剛急則用粘法在脈將盡未盡處扦之却不可脫氣脈若直硬則用倚法倚左倚右不可鬪煞脈若橫過則用撞法剛硬半撞柔加全撞橫龍貼脊是也

息訣一條

息是再成形少陽微起息形若短則用斬法在將盡未

盡處斬之有似乎粘但粘穴稍嫩而斬穴則猶老耳息形若長則用截法截去前段爲餘氣息形若高四畔逼窄則扦其頂若吊起然所謂昂頭居龍首是也息形若低四畔平和則扦其足所謂露珠一滴垂草尾是也

窩訣一條

窩是有窩在平面老陽落陷窩形狹小緊夾只容一二棺者正扦無疑若窩形寬闊中須有突或正或偏必求其融結處扦之窩形狹小窪深則窩底有水須用磚石架起放棺其上窩若平淺又不狹小緊夾而眞氣蓄聚於中則壙底用磚使水曲折依法放出則壙中乾燥定

然發福

突註一條

突是泡形現老陰突形明顯覩其生氣閃左則挨左閃右則挨右若突形似雙如蠶繭形如玉枕形如兩犬交舂形兩頭圓凈則合併扦之突泡若正則斜而挨之突形趨左趨右則就趨勢處插之顯陷之窩與顯起之突明白易見惟少陽少陰之脈息相似更覺難分而脈曰微陷息曰微起方有分辨蓋息者一陰初生脈者一陽始復也

作法

穴內用葢粘倚撞斬截吊墜正求架折挨併斜插以及吞吐浮沉放送接迎綴就量抛諸法穴內以取氣接脈穴外以毬簷夾拱棺頭注脈引氣上圓曰毬曰孩兒頭曰化生腦下圓曰簷曰下尖又曰下合兜襟唇毡左右夾拱曰牛角蟬翼蟹眼金魚大凡作堆樹阡立石修墳作頂休破頂作唇休傷唇凡明堂左右之山為財面前交會之水為祿亦有打開唇口以就祿迎財者或過焉則裁其大過不及焉則益其不及使適於中焉古仙截長補短損高益下相其高低動靜可以知吉凶察災祥故善陰陽者盡其所當然而不害其所以然其始也不

過目力之巧工力之具其終也改天命奪神功而人與
天無間矣

金井提空布氣法　論生尅制化

夫提空布氣者所以運五行之吉氣而控制山川打動
乾坤者也蓋氣虛則行氣實則塞譬之口鼻虛則元氣
出入而生實則元氣壅滯而死理必然也試觀一陽初
動葭灰得氣而飛驗氣觀時必於管虛而後可准也書
云內秘五行爲受氣而言也廖云我葬出王侯他葬出
賊頭爲放棺立向而言也古仙作法在在可考故布氣
得訣其發亦捷令也不然皆從實處開井灰氣入棺定

主翻棺覆屍其布氣使之然也故郭氏云地吉葬凶與棄尸同是以君子奪神功改天命者其在斯乎

四科秘語

氣因土行土因氣生土行氣行龍因以生生生不已乃有化機變化不測方可尋穴得穴步龍須分雌雄龍尊特雌龍卑劣龍有生死穴有起止龍有閃棲穴有眞僞眞僞不亂乃分枝幹幹龍大結枝龍小穴小大既明富貴可憑穴有四應砂有卑尊水不屈曲美中不足龍無抑揚發越不長得運得局發福甚速

龍法

正龍專受富貴悠久分龍掛脈易發易歇龍有尊卑穴
有閃棲龍無剝換此龍休看龍有聚講專心尋訪圓如
覆鍾不若尖峯尖如頓鎗不如一方餅樓下殿結穴尚
遠四山聚會穴結大地藕斷絲連多近江邊藏踪閃跡
平地可覓一奇一蝸曲折起伏千里來龍八尺難逢入
手清深不愁無穴砂聚不散穴結其間龍肩水飛行龍
少聚山回水止其穴必美四應俱齊方寸勿迷苟能知
此橫行不耻

穴法

脈有眞僞穴有閃棲既明閃棲方知眞僞眞僞既分大

小可論陽來陰結陰來陽穴純陰無陽家敗人亡純陽無陰此處休問起伏生死眞僞在此隱隱隆隆吉在其中脈看元運水看合襟葬乘生氣千古不易接木移花方寸勿差枝脚停勻針之須神穴分三才深淺宜裁深淺不的難問發蹟細看砂尖斂手現面現面之中乃用玄空玄空不明龍穴不靈玄空旣透發蹟乃妙挨星玄玄富貴綿綿

作堆法

作堆之法有三大塋堆小塋堆薄塋堆而又有隱山不樹之訣俱能關乎禍福穴塲寬平陽多陰少宜大塋堆

穴情緊小陽少陰多宜小塋堆或陰氣凝重陽氣不舒則薄封以開陽或穴塲畧低護砂畧高則薄堆以深藏隱山者不立塋堆或因山成墳不樹者不立墓碣不作方向此等作用一或少差能令眞穴不發作法有五大概不離五行而更有浴爪無堆之式浴瓜者畧作薄堆無堆者竟不用堆俱當分辨吉凶蓋法有培龍培虎離龍離虎一培一離發福最快開財開祿迎財迎祿能開能迎發財最速如慮傾瀉高藥案山或憂陡峻寬砌拜台補唇補局實能轉禍爲福砂脚飛揚引曡深入則見回頭轉面而環顧水流散亂移向平窪則見瀦蓄澄凝

而留情引壘移向實可趨吉避凶墳上草木茂盛榮華忽然摧折横禍立見穴前閉塞而貧賤偶爾頹壞禍踵門有貧賤時葬此山而興富貴時葬此山而敗有葬後數十年不發者及得元運而富貴齊發者貧賤是此人富貴亦是此人俗術不解卽發福人亦自不解余嘗謂有生同具誰強誰弱其富者膺天地之富氣家無立錐必堆金貴者膺天地之貴氣不事詩書終爲官貧賤者膺天地之貧賤托生朱門難免餓莩名登仕籍卒爲城且皆由氣感而應故郭氏云本骸得氣遺體受蔭其理顯然特未深思耳

文官大小

出文官品不同筆架城門御史公三重筆架重重案定產朝廷給事中華蓋三台公卿位上誥木印布政通火誥金印知縣是金誥木印知州同木誥居南知府出鼓角東出舉人從龍樓鳳閣眞學士劍山上殿功臣封黃榜山前貴人見翰林學士顯文宗黃榜山外火星列布政提刑官職同飛鳳沖霄勢入漢狀元宰相顯門風

武官大小

武職官難一般尖天旗子總兵官衙刀武劍擎鎗起揹揮代代子孫傳火星高聳紅旗樣威鎮三軍掌大權峯

低案小帳下卒員

公侯將相

出公侯有何緣金箱玉印內外端千萬火星城門亂三陽堂氣似海寬玉帶環山幞頭聳禽獸捍門印誥傘馬山更兼貴人現定出尚書與帝遊文峯筆前後火星狀元的兩火若插與天齊兄弟聯芳居第一

出太監有何因太陽恭了太陰星火誥若在東方出定出太監有聲名巽辛峯起龍左右此地必定產賢英

出貴

出陣貪狠是狀元歸朝武曲榜眼生前障後台眞宰相

貴人祿馬出朝端辛方水朝女人巧東南砂秀嫁皇家
誥軸花開金居巽女人富貴實堪誇
辛亥山見巽辛峯壬拜相獨見辛峯奇峭主出尙書
低小不過儒官秀士亥山見丙丁峯艮山見丁辛峯
主出神童拜相壽考
貴而不富　巽辛低陷
貴人正倉庫少艮巽乾缺貧官走貴人却破木星隔縱
然受祿永無權
出富
逆水砂富可誇艮山艮水定富豪土庫火地白屋富火

賓土主亦興家亥山一丈巽水一勺外砂又回顧初下
即發富士君艮横財招坤申山水盡來朝銀瓶盞注相
連繞金箱玉櫃富滔滔
艮山見丙丁庚辛秀拔主大富旺丁水朝亦吉庚山
見卯艮峯丙丁山見亥艮峯亦主大富
秀才
金水木星端正小巽文庚武秀才出祿陷馬空是窮儒
乾艮巽高方登第
才高不中必是卯山高壓此爲衡星壓主
九流三教

葫蘆砂是醫家藥餌砂術堪誇魚鶴琴劍坤申地仙橋天門出仙家寅甲案斜尖且側定生畫士工丹青龍有車舟隨後行文曲路出富商客鶴爪砂藝多般金斜木側公輸看曲尺鉗錘出工匠貪狼歪腳頭搖擺金水行龍會唱歌案山雙叉文筆側若居申地訟師豪丑未辰戌峯如笠鉢盂錫杖見眞形魚在東方僧道出巽癸水射亦僧流更兼艮陷乾離低香爐山見主吃齋

魚在東方僧道出詐木魚魚袋在寅甲方更驗

旺丁

山勢猛旺人丁震坎艮方主多子更喜明堂龍虎寬餘

氣鋪張山不割水蔭蝦鬚子孫多金星雙乳子癸朝此地必產雙男饒若無高下陰氣盛文曲開口雙女生

少丁

孤陰獨陽無分合地無餘氣子孫稀乾坤低陷有風吹髫齔少子父母虧冠臨流破家丁絕離兌孤峯孕不成胎息露風龍虎短壬子癸印損嬰孩右聳案逼主低平流通四庫出寡婦坤上峯高坤水入前朝奔破寡難逃穴裡幽深如坐井財離孤寡苦哀哉塚宅癸丑墓水朝隨母改嫁忘祖宗

不和不孝

廉破相爭兄弟鬪龍虎交牙父子仇若有牛頭開口樣
代代兒孫打祖宗
奴欺主及女專權
穴勢卑微砂案壓摸背挨肩奴惡極白虎山凶坤巽高
老公常受老婆嘈乾高巽低艮震雄離兌卑微反目嗔
山粗厲生愚頑龍無起伏勢巉巖土星砂脚如水浪生
愚頑懶惰
下兒孫懶似牛
貧窮
明堂簸箕窮到底金局離地主孤貧龍虎破缺更反飛

兒孫借債何時歇辰戌山高塚宅深負袋覓食播外鄉

朱雀芭蕉提籃現亥山風露叫延街

此條評論極驗凡遇欠債乞食等人必有辰戌二水

破局又是順去定主乞丐

出賊

反砂順水又尖利前後火星斜探頭案山偷視在墳前

行龍死絕梁上客午辛申水向辰來旗在魁罡能挖壁

惡人　好賭　貪酒　屠廚　離鄉

鴨嘴擊拳砂勢猛主勢汹湧強漢生面生若有打掌砂

寅午風露賭博家卯水流過酉水星火脚人戀酒四金

拋刀殺猪狗刀拋案下兼辨厨龍虎尾長走他鄉離壬反去往天邊

瘟疫　瘋疾　火病　跛足　跎腰　啞瞎

土曜巽宮四正衝艮水臨門瘟病生乾上有坑巽上厠來龍之地主痳瘋若還寅甲風兼氣顛狂之子出其中赤紅砂面似蒙搥吐血傷人事可悲砂臃路角在黃泉兒孫跛足似拐仙穴情斜反跎腰出印星居午瞽目殃戌乾水射或惡石香爐案塞啞子生

惡死　犯罪

辰戌水入塚宅粉骨碎身死慘極癸砂葫蘆癸水破氣

袋在坎癸主客死定主兒孫毒藥亡或溺水申水陣亡丑刀下乾水石壓午火燒秀水破旺居官死黃泉坎上主投河乙辰煞水龍虎路縊死無情紋貴人破軍高石祿存川寅甲嵯峨虎傷人震上廉貞石嶙峋乾風面射雷傷身廉貞水石凶兼擺丑上牛觸巳蛇咬午戌石頭似虎形午水主牢獄火燒廉貞之上犬馬傷主星強急虎銜屍破軍值年打死人堆屍形在曜泉地兒孫犯罪入法塲更防砂似鉤鐮樣路如川字犯徒傷尖斜火星射充軍破體金星對面凶龍虎交牙雀開口宮臨破軍官符缺諸凡龍急兼局破穴無餘氣必遭傷

破火　破賊

寅龍午戌水會局廉貞高照火來磨子午卯酉廉峯射
門前川路賊常逢

翻棺穿根生水生蟻

龍無氣穴受風四墓無遮棺覆窮堂水側左龍又短其
棺翻尸與上同側右虎短同一病又兼東西水來衝
龍無氣穴受風寅甲乙辰水射冲或是戌乾水破局樹
根必定已穿墳
龍無氣穴受風金水行龍勢蓄泖申子辰方有風入向
嗔文曲金祿存若還寅戌水破局寒流溢滿此棺中

龍無氣穴受風寅午戌上更爲凶申卯艮申兼四墓處

處不可水來冲門煞扦墳生枯草蟲蟻必定滿棺中

下手口訣

立穴之法須要內接生氣外受堂氣氣行地中乘風則散界水則止勢來形止不問山谷平陽必有大小明堂方爲受氣之所立穴淺深亦有法度必於明堂聚水之處立一標準又於穴中立一標準以小繩掛於堂下或倚頂或倚唇須在圓暈處打開作墳不宜見脚見脚則主冷退若誠旺處下之六年大發若是斜穴入首多是正身粗大法宜鑿開須尋手脚又如軟處扦穴多是挨

金剪火刼要畧畧打開亦要橫作墳塋明堂要開槽直去取水以殺火氣此乃巧奪天工朝貧暮富之法如不開槽先遭瘟火後乃發福又有插穴法或插肩或插脊或插肘其法用工打開吐出一二尺扦穴放棺乃是橫剪脫殺亦可恰在懷抱之中方爲佳也

課地驗法十一條

作地有記其來尙矣所以取信於將來顯名於後世全在乎此不可不愼也但宜直述毋得隱諱不可以無爲有以假爲眞富局則斷以富貴格則斷以貴不可過許如分而止是爲得體

定格式

記者所以記其實也先記其某位起祖某處過峽行龍體勢若何若龍之行如馬之馳有待有從有雌有雄情狀若何對將若何入首某字扦穴某向元辰水歸某位或大湖或小澗水城若何某砂應位某口出水此其大畧也

課等第

地有八等一自足二有餘三縣令四知通五府道六侍從七宰輔八三公自足之地山水聚穴衣食無缺有餘之地山迎水朝財物豐饒縣令之地格小穴貴百里爲

治知道之地格正局眞五馬行春府道之地勢壯局雄威行部吏侍從之地勢格軒昂位近清光宰輔之地局大朝高位冠百僚三公之地格局全美陰陽燮理以此八等定地高下應驗遲速定不爽矣

課富地

凡富地穴星必厚重有餘或是太陽或是天財或是左右覆釜或帶天倉地庫又或寶箱金櫃水城朝迎砂有錢堆穀堆凡此皆富地也

課貴地

凡貴地穴星必尊嚴多是金水紫氣之類龍格或翔鳳

或飛蛾左右帶交床蹈節行車立馬水城環遶砂有排衙唱喏謝恩拜職可作貴斷

課文貴

文貴之地穴星必清秀多是大陰紫氣之類龍格或是獨炭丹墀或是席帽筆架或帶書筒硯匣砂有文筆書臺雙薦侍講可作文斷

課武貴

武官之地穴星必雄偉多是大陽天罡燥火之類龍格或焰大火或蓋天旗左右帶弓橫劍砂有屯軍堆甲頓鎗走馬之類可作武斷

課公位

以所葬之人論假如其人有九子則一四七爲長房二五八爲中房三六九爲小房若有第十子又爲長十一子又爲中十二子又爲幼皆倣此推如只一子不必分公位龍格高大過脈直來不爲他用則悠久不替若爲他用發後亦易歇滅大抵君子之澤五世而斬若格勢小蓋送輕來歷短則不及此若格勢大來歷遠又不止此又當消息推之

課年命

受蔭年命見穴星篇太陽大陰孤曜蔭庚辛申酉命金

水掃蕩蔭壬癸亥子命紫氣蔭甲乙寅卯命天財蔭戊己辰戌丑未命天罡燥火蔭丙丁巳午命若穴星所管已過又當以龍格論之如後龍貴格在子上出脈則主子生人受蔭爲官其驗不爽吉砂生在何方亦主此命受蔭此皆秘訣萬無一失

課歲月

發達歲月見穴星篇大陽大陰孤曜巳酉丑年蔭天財掃蕩申子辰年蔭紫氣亥卯未年蔭天罡燥火寅午戌年蔭或穴星所管已過再以龍格論之亦驗吉在何方位則主其年發達凶在何方位則主其年見禍此皆秘

訣屢試屢驗

課三主

初主以穴星推之如或穴是土星則主相貌端莊心性聰明行事果決官至牧守之職中主以龍格論之末主則以主星及龍格論之當出某貴斷然不差

論水法

水法多端難以悉舉總不若以龍定局以水定向自然山收煞出斯爲作家妙用龍局兩字惟在來源去口而已金星云審得口的自然目慧然源有長短口有內外此立向所以有毫髮之辨城門有千金之値也善立向

者局配本龍之局口出本龍之口則龍水相配其應驗不啻桴鼓苟失其法則來源非向家之來源去口非向家之去口則山無從受殺奚能出禍福殊途只爭一間可不愼哉觀於郭氏朱雀源於生氣數語實爲水法定論足破千載之疑團也

九星正變砂格歌

喝砂須用九星推形體自無昧九星緣何有十一平腦增雙凹穴法歌中兼喝砂形象眞可誇況且砂中各情形看來又多名大陽好是覆鐘樣大陰眠弓像金水原來是鳳形紫氣號貴人凹腦天財玉案體雙腦天馬起

平腦分明是玉屏天罡御傘形孤曜寶庫爲最美燥火龍樓配掃蕩原如屏幃開九變不用猜此乃九星正體砂喝來不須差外有高低與肥瘦勸君看得透砂有九體宜先分富貴在此論第一長身是高聳最嫌形臃腫第二矮體本來低亦須穴與齊第三肥面容豐滿初不拘長短第四瘦貌最清奇稜角不須疑第五聚氣是聯出孫落突兀嶙第六合形湊集成或者是聯名第七破相反是相半面生微浪第八頂歪莫嫌斜砂脚要渠遮第九變來成仰面却從平地現砂形傳變原不一皆由九變出仔細消砂殺有八射探冲破壓更兼反斷走皆

凶皆說與人通射是一箭直向穴徒配何須說探是斜
山署露頭做賊不知休冲是橫來插穴前非禍日綿綿
破是浪痕直透頂淫亂恣遊騁壓是穴前砂崛起奴僕
常欺主反是曲身去向朝離鄉且颺搖斷是腦下生橫
浪斬首無人葬走是身斜順水走遊蕩不思歸若是眞
龍與殺合禍福終須雜避凶趨吉最爲奇穴上討便宜
大抵尋龍與點穴細把星辰別龍若任時砂有情不任
亂縱橫穴若眞時砂效用不正自飛動眞龍藏伏穴難
尋惟砂識倖心砂有朝迎與侍衛四者君須認當面朝
來名曰朝不怕遠迢迢若是眞時必出現假時難見面

迎是隨龍先出來見穴却回頭或隨迎朝來聚集遠望低如揖侍在穴前並兩邊端拱默無言遮斷客山不許入森森如林立衛是護龍左右隨主怕凹風吹本身枝脚爲龍虎皆在衛中數只將四者撥前砂括盡更無加高低穴法取朝鍼高創低應心其次大凡諸小砂皆要生光華清秀端正肥與員潤澤福綿延巉崖帶石并破碎臃腫欹斜累砂分富貴賤三科形類固甚多龍身又列上中下砂隨龍講話竭砂全要龍爲主好歹龍上取眞龍若又遇貴沙錦上更添花龍賤若還遇貴沙沙變爲凶推砂賤若是遇貴龍沙賤不爲凶龍沙俱賤不足

取諸凶相繼起此是撥砂眞妙訣不與時師說在人心
巧與目明任意立名稱假如圓墩墨斗樣便斷爲木匠
又如平地見葫蘆便作大醫呼若有鎚鉗砧木列兒孫
必打鉄若逢山脚似排符世代必爲巫此皆載在砂圖
外請君以意猜消砂活法只如斯明此是仙師砂形看
在何方位命合人富貴假如子午卯酉方此命最相當
大歲臨年王福蔭發達在此論更將龍格共推詳靈驗
果非常龍格砂形本無二大同並小異辨龍必要細推
求貴賤在巒頭喝砂相像便爲是奉勸毋執泥按圖索
驥最堪笑俗士挾此驕前賢消砂至千百造化難推測

我今傳作喝砂歌歌好語不用多

廣撥砂歌

水法要訣景純泄前賢無謬說砂訣之外又何說廣撥砂歌作古來地仙誰撥沙金精廖公佳又見張公玉髓經沙形辨晰精楊公九星廖也有每星皆變九九九八十零一變千形萬態見沙與龍穴盡包括述來與君說先述兩家九星名分別要知情廖名太陽楊左輔高員覆鏡釜廖名大陰楊右弼低員帶方覔廖名金水楊武曲三腦如金宿廖名紫氣楊貪狼一尖直更長廖名天財楊巨門雙腦兼凹平廖名天罡楊破軍金頭火脚星

廖名孤曜楊祿存搖拳形最眞廖名燥火楊廉貞尖斜芒帚形廖名掃蕩楊文曲斜拖布一幅此乃九星之正體九變從此起九變情形於何分廖歌當復溫本體自身無龍虎護借隔水補平面倒地成星象體準高山樣頂高脈顯龍虎勻懸乳是分明頂顯脈微龍虎抱開口實天造邊有邊無曰單提直竄却非宜一短一長號仙弓斜飛亦不容無頂於凹尋沒骨近樂莫輕忽棄正就斜安側腦朝山特來好重龍重虎名雙臂着眼當仔細行龍入首看星辰不出此九門星辰生在何方上其位看生旺認識星辰尋穴道箇中消息妙要求消息莫差

訛熟讀九星歌依歌取形搜脈絡眞氣方無錯氣來骨煖便發福離脈氣不足氣冷縱有沙水好禍速福難討殺氣洩氣卽便應食旺杳無信龍體眞貴福先發殺洩稍後作殺有高低與先後逐一須看透更看殺洩在何山年命最相關若問吉凶何代發逐節從龍踏一個星辰管一代相生福無艾後龍峽上尅主星此代便零仃以此推求萬無失眞是神仙術相傳須要遇知音此訣值千金

五星法碼

偈訣

一者數始　十者數終　陽九數內　陰九數外

木星

九個木星六個眠三個立體奪魁元短長枝葉渾身帶參差摺勺在兩邊勺脣也

木星十個爲天罡天罡星辰沒軟蕩無摺無勺拖地長假若強作鍬皮穴丁財不久落空亡

金星

金星九個三個正六個掛角斗量金覆釜跌斷偏處過蹢躍峯巒天鼓形

金星十個是破軍破軍原是覆釜狀風吹破衣梳齒

樸縱然逆結魚胞穴一代消索不久長

水星

水星九個一個眞水窮山盡翻轉身尤愛大湖沙遮攬也是風流豪傑人

水星十個是掃蕩掃蕩星辰風搖擺渾身曲折不停留捲簾盤旋作城郭安穴斷有娼妓流

火星

火星九個個個眞或立或眠是文星逆水救貧催官使順水離鄉是退神

土星

土星九個一個眞八個盡是倉庫星赦文盂鉢幕塞

列角上流金佐

聖君

大幹龍歌

須彌山萬山祖庚酉辛中華遊天皇聳座沙漠土崑

崙空強叢來儔那見南龍產賢侯自古神聖中北秀

萬卷書上圖都只是糊塗

星辰

星辰有三始祖曰尊星結體曰權山守門戶曰雄星

三構

龍有聚講層巒聳翠雲霄屹立百里串聯謂之聚講
龍有行講離祖分宗起帳列屏帶鎗帶劍謂之行講
更有坐講幾歷行度不孤不寒夾輔侍從紛紛攢聚
如遠行歸家骨肉一團當結住處謂之坐講
坐講木星如何結行講與坐有分別脚下出脚有明
堂此中定結頂門穴到頭橫受金丹穴眞來結就是
交枝行講脫卸走平岡或是交枝或金釵或者橫落
工字形時師莫就當頭掘也有變作曲尺木有窩節
向窩口得木星作穴有多般惟有天葩爲眞訣有緣
得遇此星體管教世代翰苑客時師會得此中機萬

兩黃金收此訣

論座

木星華蓋傘形土星冠蓋帽形金星寶蓋釜形火星連瓣笋形水星漲天波形凡座無火襯體勢孤立是假或爲好主帳幕或爲他人旗鎗

以上數則宜詳辨也

論峽

木星峽不斷化渡處有脊有脊天橋形金星峽多斷化渡處多偏過水星金星原差別左右角出異以俗眼觀之恐領會未精難分別也土星峽斷了斷左扛

右拾護風眞穴必角出

審龍

定鈇案出審龍不知那龍力量重千枝萬派一同行
誰是假來誰是眞龍要起星辰星辰尊貴福不輕龍
要有帳幕兩重三重大不同龍要有垂帶垂帶體自
貴龍要有護從護從龍勢重龍要有降勢降勢龍無
比龍要有剝換剝換成好體龍要有枝脚枝脚體不
弱龍要有轉折轉折方有得如生蛇如勒馬此龍方
合格更有一種渾樸龍平平板板貴重不言起伏
與頓跌覺平厚直上貴格審龍身炭龍體入首將來

有定埋金水龍多結穴若論大再看格貴龍身木火穴土龍金始言亨一派水木行龍必得金土結穴一派火土行龍必得金水堪裁如不合尅制煅鍊終屬碌碌庸材是必改頭換面方爲出類拔萃又訣是龍背向天是砂背向邊

大凡龍要有扯或數里或數十里結穴必厚或有龍不扯臨結穴扯或一里或數里龍上扯發得遠穴上扯發得速一二代必應　鉗穴要有唇或方或圓　窩穴要有頂若無頂必是空窩　長乳火泡何以辨眞僞只在本位看有無弦稜或左右看

後來之勢要之認穴先要審龍陰龍開口結窩鉗陽龍定結突和乳有生死順逆之龍必要有生死順逆結塊

尋龍

尋龍訣問祖宗祖宗看是貪巨武或是龍樓並鳳閣行踪亦是有定所一山去一山回辭樓下殿喜排徊走馬屯兵分亥第兩邊夾送緊相隨一金斷一水湧天用天弧兩相拱勢若連珠並拨梭一木聳一火尖貴人貪狼筆插天此是貪狼來作勢層層旗節插於前一天馬一蜂腰且要高昂形勢端

一節看他高一節前成聚𤹭好峯巒一枝東一枝西
且辨雌雄向何棲認得行踪方識蒂一枝南一枝北
前行十里先知穴須把羅經針皂白節節格定何脈
真奇毛異骨識雌雄識得雌雄龍穴得雄龍高來雌
龍低此是仙傳第一機雄龍結穴舉撓掉兩邊護送
盡皈依雌龍結處落順水逆龍作案定爲奇雄者去
雌者轉好似羣羊來見犬雌龍逆轉洋朝穴白虎過
堂生賢哲青龍亦然一家眷屬全全美山水交媾陰
陽合雄爲主雌爲賓賓主相迎最有情雌若到雄若
應俯首如聽命有主無賓官不顯有賓無主不爲尊

出身

定鐵案看出身祖宗枝葉簇簇生問君誰是奴與主中落森嚴是主人橫列帳開天門上雙開天門正穿心或是數峯高聳拔或是辭樓下殿行或橫戟或殿行或疊雲聚嶙盤聯中出門中路曲似生蛇樣兩邊紫氣護胎精有夾胎看應星枝葉繁密兵卒靈此是真龍來作勢脈氣旋來骨非輕若委靡若瘦削全偏全側八風侵又無星曜高低去此是龍家最賤形

分宗

定鐵案看分宗幹龍一折是分宗丁字橫排須後劈

兩枝分來家業豐龍要突然而起前出開脟金展翅
有迎有送是眞龍三枝若出當中覔兩脈中枝是送
龍更看母山何處起再觀流水那邊空推車審龍眞
妙諦入首詳明呼吸中穴處便與分處合張山食水
奪神功止而不比成大器水水由山造化融

出關

定鉄案龍出關出關星體不一般內分貪巨武三吉
此是出關第一義出關星體是貪狼鉀甲下來水星
樣此是出關上嶺蛇木星開口穴爲頁出關星體是
巨門倒字中抽金水星穴母仍傳土星體金星結穴

定無疑出關星體武曲星自高傳變金水臨金星釵鉗爲正穴懸乳貪狼妙如神貪狼不變生乳頭巨門不變窩中求輔星不變燕窩仰結在高山掛燈樣

龍脈

定鐵案看龍脈只在其中一兩節力量大小此中分來與不來看分家他分我分我分他橫落一轉我身肥隱隱而去是眞訣勸君尋龍先尋母見母便知穴所結登穴先看圈外分分與不分看眞情龍生穴分穴生龍直來橫落不相同直來龍生穴爲吉橫生穴分龍爲鍾時師會得生龍法何愁大地不相逢龍生

穴分穴生龍勢廻硬伏氣方融結穴龍走隱扯去點穴對扯搖動龍凡龍點穴皆如此天下山山此則同

枝腳

定鐵案看枝腳各山分去好看龍起家須用好公婆若還龍短枝腳短若是龍長枝腳長偏流枝腳上下藏各起星辰無穴場都是精光無發洩必然出秀不尋常任他千枝與萬葉一龍自有一龍情龍情二字誰能曉只把五星九曜詳五星九曜誰與貴八十一變分重輕那枝龍神不合體那知龍神不合形時師只道龍體好誤葬人家多少墳道富緣何不應富道

貴因何貴不靈錯把輕來認作重反把重來認作輕

時師不知輕與重總由不知勢與情情勢原來龍身

有龍知龍勢便知情勢來情來龍自重勢乏龍乏自

無情備說龍家輕重訣家傳地理值千金

審局

定鉄案去審局局內精神那個的屯兵走馬亂如蟻

誰是眞來誰是假登高遠眺衆山叢鶴立雞羣自不

同堂中中一口括迴異衆星者必住四維八表木火

星金星結穴是貴尊迎送纏託水木體土星結穴是

鎮星金水護從兼木火鍾靈毓秀火土羅凡是木火

超凡俗不識主腦與提綱何分高下並貴賤

關會

定鐵案看關會眞不眞在行止羅城關會砂水聚山山綢處眾水朝眞龍此處饒山不停住枉勞神穴不在此停堂有門戶人人說大小眞假難辨別大小迎送纏托全建州立府郡若是有迎又無送縱有眞龍不堪用即或有送又無迎到底力量輕送龍原是一枝龍界在兩水中送將盡時眞龍止送是客兮迎是主此中賓主要分明誰是主來誰是賓眞龍多結兩水下得水力量大水分經緯兩邊來張山食水好安

排托在後兮纏在前送向穴兮迎向龍送止迎到纏
托足乃是眞龍窩初中末落原一理若無關會定不
取結地大小亦同然只在聚散間

辨正集註卷十

楚北富川尋緣居士著
蜀西眉山省悟道人鑒
男金龍聞韶校
及門姓氏列前

弓案

弓案先須要格龍龍分雌與雄何者爲雌何者雄行度辨眞蹤行度開屏展翅過峽抽喉又束氣起伏搖擺結咽明此是雌龍勢雌龍喚作牛龍形結穴不分明縱然結得穴分明須向陰中尋大塊鋪毡無起伏直硬中

藏骨有脚身尊脚亦輕臃腫如轆轤此龍人道是死龍
豈知有玄功從來雄龍去結穴陽氣正玲瓏到底要分
壟支崗三者不同宗平地雌龍無起伏莫作雄龍視過
峽穿田屈曲來枝角兩分開到頭結穴起一堆好作雌
龍裁也有雄龍到平洋一望令人慌又無喉峽枝脚動
莫作雌龍詳也有雄龍在高壟連起數峯湧莫言此處
無波瀾莫作雌龍種惟有壠龍之雌雄一見令人知有
峽有喉雌可定臃腫雄斷之判得雌雄的目確總把弓
案酌看他何地是大弓弓背穴可擬雄龍背上多出雌
雌背亦如之天下山山都結穴弓背認生機也有穴在

貼背結去山作拙淺也有背上去尋龍龍行四五節節若長時弓亦長弓長穴自艮若然結穴在大弓弓穴最高強此是尋龍眞口訣千古何人說莫將弓案向人傳失了華山謀

果案

問君何以謂之果開花先結朶結朶開花分虛實實結虛花落好將花木比龍身知春不知春好將花朶比穴情向榮不向榮穴向榮兮龍知春龍穴始爲眞問君如何爲的穴龍頭尋呼吸呼在後兮吸在前一穴得眞元若是前呼後吸兮後穴得眞詮

問君呼吸如何識陰陽兩字分陰龍陽穴始爲眞陽龍陰穴是其針怎辨陽與陰窩鉗乳突明窩鉗開口是陽生乳突死爲陰雌龍須結突和乳生中來覔死雄龍開口結窩鉗百死一生止若是龍生穴又生橫栽値千金生中覔死龍死穴死亦倣此死中覔生休從正面取也有一節是龍脊忽變雌龍體此處原來有一笏養屍無福力也有雌龍化作雄雌盡雄起中忽然旁邊結一穴一代永無踪若是生龍將又結忽然死一節須於死中尋死穴斷他一代欲死龍將結陡然生又喜窩鉗臨二三代後自然發終不落風塵仍然牛角蟬翼砂鰕鬚金

蟹眼窩鉗爲陽乳突陰人人皆可點若是行龍起大弓
弓上問行踪弓案到了尋果案子孫代代定豐隆再把
砂水作包羅點出人難見看龍點穴是眞傳休向人前
辨

到案

再啟世尊何謂到砂到知其要一砂不到枉勞神千金
共一笑逆龍逆穴去張潮前案走如飄兩案順水流過
穴富貴大而遙逆龍逆穴水朝中穿面喜生風此水朝
來下砂無丁財也豐隆經曰水纏便是山纏樣纏得眞
能如仰掌貴則秀分富則蠢貧賤瘦削分或左或右翻

身轉明堂識鬆緊順龍順水穴如何下砂宜裸多者然
裸少更傾跌夾耳愛嵯峨逆龍順穴最奇異只要一砂
逆假如下砂生在關家貧無半餐順龍順穴穴居偏偏
處喜山纏纏山逼窄脚飛去風到會其巔惟有橫結多
消息五局要人識迢迢丁字一般來兩順並兩逆直山
橫水號丁橡寬窄兩邊看寬左必須向右窄窄左右宜
寬順橫結穴愛下手不緊家聲醜若水到來左右臂宜
走不宜停左右龍虎皆淚蕩發福最悠長再逢客水穿
關去富貴蓋鄉邦逆龍側身橫水結下砂宜短窄假如
長去過明堂堂外須傾側不然拖曜走翩翩發福亦宜

然無砂無曜明堂靜還須裸頭扦逆龍頂上扦逆龍橫扦要上緊木火看其頂縱有下砂莫要強反跳終是穩橫逆二局福何求專取上沙招福祿橫逆須上緊木火土臂掙掙臂上砂來宜緊不緊終非穩天門宜緊不宜開只愛山水入我懷側逆龍神結穴橫下纏自爾明若使上沙能順水此地也難尋橫逆勢若圻流案不喜下沙堆了堆也有陽朝橫過穴沙同逆局格多寡長短沙不同細心人自別也有一沙連兩沙順水也堪誇此龍沙之交媾也也有眾沙齊逆水人財汲半些龍砂水少交媾閩越黔滇吳楚地仔細宜仔細此數省山水開收

故宜仔細江北江南便不殊南興北也替卦氣看興衰當到之砂不到宮不當到砂反豐隆猶如病藥兩相違醫死一場空此是砂到眞口訣江左人傳說全憑補泄得玄功補泄二字是到案主腦此訣千金勿輕泄

流案

流案從來要定風、風定配雌雄、風是雄兮水是雌、相配穴自融、譬如人身有血氣、氣運血無滯、假如血氣大偏枯、百病攻其際、神仙海上去修玄、火裡鍊金丹、養血運氣補眞精、砂上逼其音、逆水之龍血太剛、金丹宜上方、金丹羅星也宜君、來水之方、下有風、來邀入堂、逆兇堂

氣葬順、水之龍、氣太弱、金丹宜下作、居下流也明堂水
去邊來轉橫攪、賊風狂逆水龍神、風後至順水前面吸
順水之龍怕呼風呼風愁吸氣龍強沙硬穴星高水靜
產英豪澄潭碧水真堪美朱紫遍於朝龍粗沙硬穴塲
坦不怕強而悍穿過箭射百萬般駭破時御用枉龍帶
骨砂水強悍故其結如此到底要分二與、貧結穴那邊
尋龍門此去到華陰咸陽分西京主水却從浮渭過黃
河奔東注長安旋繞匯江南灞水隈穴注燕京主水汾
與漳王屋發其祥請得太行客水到神水背太行瀍洛
磨來穿淮下山東主水他漢江客水掃梁津魯國文章

人餘杭爭得穿曲水西流傍長堤豈知推斷錢塘江賓主正相當要知何方是正面、主水來出現、忽然客水勒橫衝休向客邊戀主水者乙字彎帶元神也看他關會是如何關會是局最要留心登高望有餘知水便知穴所在不用馬和車陽朝陰朝與橫朝到案已參破參破金丹玄又玄請上蓬萊座水葬之法名吸水休從正面取拖鎗走馬下潭溪三案俱齊備果到流三案惟有果案自來奇懸崖萬仞齊倚壁之間堆土暈或在石間結者必有土或在口間堆土石上辨文瀦川字文瀦田海賊海賊功名烈若然文瀦現娥眉女將封侯伯八字器

宇排科甲不須猜浙東天目浙西瀬楊廖二公裁權放
二桁力量重八關封侯俸惟有朝流力量潵不止牛田
地巖穴從來天葬多積德福難量誰能識得個中機懸
巖金沖浪雷霆躍氣天機得相逢薄德不必說若是眞
心造福人方與英才說眞偈此係眞龍正結與支結砂
結者不同若種德之英指之則有益偈之則有靈全德
眞心代代所必有

偈曰

金龍跳去三江水萬里銀河寶鏡明但看前哲廖金精
天機洩漏在金陵金陵葬了王太保子孫累代受簪纓

五星法碼歌

木星落人間造福第一着忽然頓起頂上拜忽然坦腹下平坡或橫或逆或倒側上砂肥硬下砂弱源水來邉生火脚下砂重興起城郭假道他邪開鉗窩山窮水盡腰裡落欲知龍身落不落先看金丹第一着龍有金丹龍已行穴有金丹穴始停

金星飛鵝渡串明佈帳芙蓉天鼓形脈自脚出穴偏尋左右仙弓股暗明護國忠艮鎮邊廷掛角之穴斗量金遊魚飛雁作羅星世人不識曰龜形枉教人安墳敗絕斷人倫或是覆釜出角眞沒角孤曜爲羅城堪安社壇

神、

水星活動少精神、東奔西竄隨主行、逶迤婉轉勢不停、此是貴龍作閒星、常爲好主作賢賓、若是倚門并戶庭、如人如馬江邊行、逆水翻身有一結、出人奸究小功名、秀良子弟多超羣、婦女淫奔醜家聲、

火星格層層簇簇犁頭鋏、化盡萬物性燥烈、作穴雖好終有歇、作祖斷定產侯伯、豎起文章堪華國、倒地文筆掃風月、順水飛曜離鄉客、逆水救貧爲上策、五行位次炎上格

上格結穴方平巨輔列、萬里河海攔精血、奇巧異形

穴掌管山河帝王宅局終末運遭殺刼只因風狂
砂顯赫存載青史名不歇

鐵案

定鐵案木星落人間最喜秀嫩活忽在高山頂上結或
是下來分兩脚鉗中作穴最高強也有穴在腰間取也
有穴在兩脚合或然倒地走平崗橫行只在口中作更
有兩枝內外抖更有鉗口唇上作或折或曲或是圈或
有芽根與平伏三灣幾曲蘆鞭格開口一穴狀元出
定鐵案看金星金星結穴定分明開口開鉗爲正穴人
人知道變九星變木爲孤變水蕩變火爲罡不可葬也

有變木魁天下武曲貪狼也有變水千萬丁武曲文曲也有變火
爲侯伯武曲廉貞變成金土斗量金武曲巨門千變萬化廉貞出
細觀化氣定佳城只有窩鉗常不變鄉村土戶旺財丁
定鐵案論水星此龍柔弱少骨神列在高山漲天水羅
星有此未爲尊作帳也須成變換只好貴龍作閒星或
然落在平崗裡逶迤曲折是蛇形本身帶骨方爲貴結
穴必成土與金左右猶嫌火星現四圍若土可保丁子
女貌秀身柔弱亦有奸究小功名時師莫謂此龍秀常
倚貴龍作戶襯
淑案火星結層層簇簇如傘摺作穴必須煞吐盡萬

侯也可得又有巨石焰焰生如禽如獸兩邊列也
有頓旗傘頓鼓書架酒爐傍邊列檢點局內件件全列
土分茅亦可得覆宗絕嗣也是他不得慧眼寧守拙
定鋏案土星形此龍結穴福非輕玉屏高聳朝宗祖或
成低小半月金藏金掛角與側面起頂開手窩鉗形或
然兼木出萌芽或然攀鞍馬蹬穴惟有土星落平洋平
平板板牛皮樣一點靈光明堂見萬象森羅皆拱向此
龍多出三公貴四海蒼生皆仰望

論水尋龍

講龍穴前人有秘訣談水談山書萬卷句句條條亦明

白時師讀之似曉得如何葬之不發越只因授受失衣缽枉自案前苦舌裂

凡步龍纔案在胸中莫學時師隨嶺走這山又過那山峯萬卷書中一字融先看溪河後步龍或一或三水參差貴賤大小定不同水上顯神通

龍難遍先將溪河辨黃河八水繞長安山峽多是聖賢站河水入淮中支斷齊魯今且爲北幹幽燕收盡黃河水南龍中脈爲兩乎還有鴨綠塹

論大江幾千萬里長大水塹來爲省都小水流來是府江小澗州縣當莫問科甲顯名揚我今傳爾須首

處以水爲提綱輕重大小量
到一都先把地輿覩一府之內幾條江幾江爲縣幾江
府府縣處仔細詳已發未發皆可數凡到郡縣與鄉村
也將此法爲定所眞個重千古
三溪長內外四山岡兩枝盡處開邊結先於坐下看明
堂衆水聚又開陽關山兩處合陰陽下關自有眞融結
順水隨河上方量溪下最相當
初中末位分三落但觀堂氣那邊空兩邊鬆弱巒之下
水西東合水旁邊人不識水纏山處是眞踪此處有天
工三格地先要看堂氣一個明堂一個穴堂中一望誰

獨起幾山高幾山低此龍不是一穴地若然全起盡登

伏多是幹龍不經意教君仔細記

一水來左右兩邊排曲折兩邊尋溪水長流短澗論尊

卑溪下截曜氣開大勢溪內裁當氣要開切莫緊長中

短澗不須猜此處定多乖

水灣環此處着眼觀先觀明堂君何處就於經緯覓其

覔大勢低一山高逆水幷穴出英豪兩邊齊聳逼窄促

多是上方水口山此處不須觀

入水口一堂寬渺渺我將全訣與君剖溪前一望上山

^見龍或見穴見龍定穴須先曉見穴必須審後龍

穴合陰陽好把輕重討
或登山遠望指顧閒鶴立雞羣擇龍骨高坡之下仔細
觀或過溪或渡關闌前又起大高山穴後有母方是穴
舉首雷同不用參堂寬也是閱
母山主星也或貪巨武三吉星雷同與衆山相類
更有訣教君仔細別高山平地有兩說山龍多是明堂
窄嶄不齒可低論水高論格十里五里方是穴聾岡支脈三
等論論水論山分優劣此法莫輕洩
定鐵案何處結千里來龍誰辨別也有一峽一個地也
有到頭只一穴請將花木看真切細認其中多轉折或

如牛角彎弓樣懷抱之中多不結只因弓背有生機訣
向角求便可得問君此龍那邊結當觀堂氣那邊寬水
之來處好尋穴再來龍上問根源問君此龍幾處落登
高遠眺知分曉一個落頭一個母惟有母山獨起標
問君如何落平洋只爲雄粗帶煞芒忽然跌落平圖上
就來此處問陰陽兩邊界水分眞龍豈知中支有吉凶
中支也有爲州縣也有支龍藏市中也有中落爲鄉村
也有兩溪是送龍有有無無皆造化全在名師口訣中
來龍起伏蔓延廣有迎有送是眞龍兩溪夾送爲州縣
也好爲市廛腰間自有眞龍穴須尋母山經緯別

有母交關固果然眞支力量豐

送龍身順龍體無奈兩邊枝亦順無峽無關是送龍縱有星峯爲別應莫來此處費精神好將經緯尋龍穴仙傳經緯辨假眞緯水是主經是客緯邊定有眞龍行若是無龍無堂局須從經邊下羅針經處邊順一邊逆自有眞龍合葬經川字品字源流遠丁祿架肘最留神輕重大小上下看張山食水亦同情我今留下眞口訣少費脚力少費心時師會得此中理留與人間造福眞

經緯歌

地理經緯訣以水定龍穴經水大緯水小大河兩岸小

溪河小溪河內眞龍卧大冲兩畔小冲多小冲裡面富
貴窩金丹一粒如來訣拈得來時頭頭道
九節九龍格
第一貴龍爲渾樸平平板板無起伏氣全力大結帝都
多是平洋倒地木百丈長力量強平地高山總一般這
龍結穴貴無比帝子王孫出其間論入首莫遠求數十
百里眞到頭長封侯短封伯此龍第一格
此等脈氣精華內斂與庸衆殊眞外柔而內剛其象
爲泰
第二貴龍名蘆鞭蘆鞭三臭出狀元水木行龍最貴重

長短其中皆有用百里長百里折九五之尊何處得這龍結穴自不凡必出人間富貴客論入首勿遠求長長短短不用喉長則王侯短卿相貴龍第二樣

此係精華外放剛柔兼備得乾坤之正氣故其應也自異

第三貴龍名交會龍虎翻身起星辰星辰頓起穴場後定出高位富貴人或是金或是水此龍結穴最清純或山或洋總不俗留與人間造福祿論入首勿遠求高山平地儘可謀大則王侯小科甲此是貴龍法

此龍有震驚百里之勢多結翻身回結之取

第四貴龍名交級龍虎翻身走數節此龍煞氣級去多
發禍久遠皆此得或高山或平地總是龍家貴重力這
龍結穴定不凡公侯卿相也無難論入首勿遠求高山
平地切皆傻劫短科級長甲四節貴龍法
此格有剛猛之象必求脫御之功
第五貴龍名融會雙雙來脈最奇異莫言狹小水不通
此峽名爲千絲墜或三脈或五脈三三兩兩齊過峽這
結穴定非易武則封侯文拜相論入首勿遠求高山
有此脈或大貴或小貴此龍切莫棄
龍是融結圈木之外去出脈左圈右圈亂如麻

神貴無價或一圈或二圈秀氣原來在此間這
八貴無比翰林聲價定不凡論入首勿遠求平地
多高山有出顯貴最長久融結一節有
第七貴龍交泰體王字一峽貴無比二三星辰推到峽
不論橫木與金土要緊東莫懶綏登科發甲定不爽這
龍結穴不等閑富貴兒孫最悠久論入首莫遠求大地
拋毬到掌心王字重工字輕此是第七貴
第八貴龍名交會太陽連接太陰星陰陽交合爲交會
只緣節內體成金或高山或平地日月交感能發貴此
龍結穴福非常輔佐君王眞個異論入首弗遠求得穴

尋龍法亦提小登科大發甲交會一格得
第九貴龍名交喜聯珠纓絡隨龍體冕旒龍格最貴重
葬後兒孫高官起如珠穿如算子三五相連左右取這
龍結穴也非輕管教白屋出公卿諭入首勿遠求此峽
左右安排美或高山或平洋富貴無二理

十三鋏案

第一案何處結千里來龍誰辨別也有一折一個地也
到頭只一穴也有穴在枝上尋也有穴在幹上結這
如何說仰死氣促前頭結好將花木比優劣細認
轉折轉處生萌芽折處生枝葉或如彎弓牛角

之中多不結只緣弓背有生機千金背上此中个牽頭福不終風不過堂官星滅眞龍一定山水

龍無力兮少冲刼龍要乘勢結乘勢得眞脈龍結要乘力乘力眞氣得分枝看過峽入首看轉折穴星審花蒂花蒂即是穴一點靈光現意會口難說識得轉折登山使得不識轉折徒勞跋涉

第二案順逆佈順逆兩龍分兩路順龍須要逆砂收逆龍還須順砂透逆龍地戶作天門反轉天門作地戶下砂要作上砂看上砂反作下砂顧三灣九曲入明堂定產朝中宰相即人言放水賣田庄豈知放水得禎祥龍

勢若強砂又逆管教世世門戶光

第三案橫直來穴前橫水好安排兩龍須要分強弱莫將龍虎一般猜撐背來龍休太緊一砂順水不爲乖橫來逆勢圻流案莫忌上砂堆了堆更有轉頭側向穴上實下虛不爲乖若得下砂朧氣扯也知科甲永徘徊兩龍不作如是觀勸君切莫與人裁

第四案論明堂明堂切忌簸與揚三堂難得全全美內明堂更要藏一個明堂一個穴輕重須從寬窄量三迫促多武職寬平定產科甲郎堂氣融融列目前管指日間凡臨府縣與鄉村細看明堂分廢興

無地先觀堂氣倉板明堂積谷千倉明堂有眞
向勢變員淨古仙重小堂不許堂堂對大洋穴前
堂氣細窄員方天門上堂千庫萬箱地戶上堂出仕
悠昌明堂淺淺發福初年明堂濶曠發福必遲
第五案要去煞不去煞時終不發旺龍結穴勢森森左
右重重包裸夾氣曜風藏愛者多縱有高官一代能但
看左右凹缺風我今傳爾不要怕不知此是化煞風風
不過堂官不大有風水處是風水此個消息眞無價
偈曰莫道無風水處有風水究竟有風來處是風水
粗惡龍煞用劈劈煞多武職旺極龍煞用撑亂石嵯

峨煞用烘更有一種包裸緊扛殺捧殺產神童或用水或用風風過堂兮氣自融或沙去或水去總要龍來殺盡時庸師不曉此中理管教絕人丁

五殺解義

劈殺者如粗惡之龍要穴之左右劈斷而下若刀斧劈削一般大約凶山惡石之龍非此不能去殺此殺一去大則王侯小則將相次則大族百戶如此去殺發福悠久

殺者旺勢之龍穴之前後硬撐硬插插木火脚者貝插金土脚者大富要看長短何如木火脚長至

久拜相封侯三五十丈主鼎甲名臣一二十丈科
連登此等去煞發福悠久
烘煞者是石龍要穴之前後左右如火焰烘燃而畢
露煞出於石不可畏其磈巖而棄之此眞龍眞穴多
有棄之者不知發丁催貴全係乎此
扛煞者包裸過緊必要左右硬扛硬擡其煞始去
捧煞者凡山頂上結百會高穴須要四圍包裸如祥
雲捧日其煞始去此等結作必産神童
附化煞三法
風化煞凡旺勢之龍要穴之前後左右有風過堂其

煞自化然必要某龍某風則富貴可期所謂風不過
堂官不貴水不牽頭福不終經云風吹水刼旺人丁
水化煞凡旺勢之龍要穴之前後左右有湖池河海
浸潤涵濡其煞自化故逆勢龍必要刼水去戶始能
去煞然須澄凝清淨相近親愛發福始大
砂化煞凡旺勢逆龍必須順砂引煞穴之前後左右
刼砂去煞此煞一去其氣始通
召六案論羅城羅城鞏固旺人丁赦文高聳災永息大
貝起貴龍尊木星高聳多科甲火星高聳狀元生金
星多富貴者是超羣號錄星就此尊他爲主宰一

客此中尋

羅城解義

水口之山看關鎖有關有鎖富貴全有關無鎖富莫言有鎖無關關貴不久無關無鎖定貧寒山不亂生一石水不亂生一洲水內忽生一洲必有科甲在內水中豎一奇石定產王侯卿相如華表捍門北辰羅星日月龜蛇巉巖怪石類人物者皆為至貴水口此局定有眞龍不可輕棄又如將軍捍門獅象虎豹金箱玉印禽魚等形豈無故而生哉搜尋者皆宜着意所謂入山尋水口者是也

第七案看出水天門地戶要開閉四個天門首須知四個地戶要求備天門要開莫大開地戶要閉莫大閉但須半開與半閉只觀堂氣與龍勢天門地戶三扨聳斷定此方多富貴

要兩相稱不可有偏枯之處

第八案論官員全憑龍勢討眞詮龍若起頂大玉屏如人如馬帶火星左旗右鼓來相照地元一到出王侯左右前後木土金爲官必定管軍民若然倉庫田水護布

假道此中分玉屏橫木又帶煞爲官一定列提刑武

氏金知府職知州也是此中分總在起頂分重輕二

土星不爲乾三府低小土帶金金水相生知縣眞

凡案論將軍天馬落脈鎮邊庭天馬頭上起火星天馬掛角鎮威靈旗鼓印劍隨身繞必出將軍鎮邊庭海外天子本非凡也在天馬玉枕間玉枕天馬鎮且高護從天馬來應穴爲官必定鎮家國屯兵排馬出將軍龍行轉換起馬山有旗有鼓總兵看若得反砂逆後龍總兵腰玉列三公叅將遊擊同此格只在低小輕重間副將守備亦如此輕重任爾仔細詳千百把總如何看馬山臨穴大小參

第十案論花荄只把龍身紫氣排鼎甲龍身紫氣長尖

員清秀插天樣若然倒地成木火定出神童狀元郎金星三級出榜眼偃月初生探花郎會元紫氣沖霄漢解元紫氣尊且肥科甲紫氣二十丈鄉薦原來十五常惟有十丈發副榜五六七八廪貢常二三四五生員有端圓肥滿案首樣

十一案論高大高大勢最旺旺勢之龍無關峽旺龍踴躍悠遠來堂局寬員在此裁上糢糊下陡峻此中一穴多奇哉紫氣貪狼秀而麗登科發甲不須猜若是紫氣金火君庫尖員兩邊排此是豐盈財戶穴縱然有貴得來

二案論禁穴總是龍身合全格龍樓鳳閣下辭殿至
威嚴來出現落脈後聳大玉屏三千八百龍身尋檢
點星辰無一缺九五至尊莫輕洩若然出脈似娥眉必
出后妃定無疑帝子王孫皆如此氣全力大不差移
十三案論京官京官郡省不一般龍來尊大起玉屏兩
土扛抬卿相班一個小土一個木此是左相皇恩沐結
穴若是鐘釜形太傅太保貴無比拜相曜星長百丈後
屏前台輔聖上火樓高聳沖天外列土封侯定有望工
王二峽結大地入閣拜相在此間內翰外翰品非凡也
在峽關兩字參楊公鐵案有眞傳地理經綸包括全後

學有人能達此千金不可與人言

論脈

乳突窩鉗實從奇脈而出浮沉吞吐原秉正氣以裁兩旁開帳猶如羽翼舒展頂上星峯儼如頭角生成挺胷突背婦人產子之形手抱足回老蚌生珠之態精神內藴前後覷之而莫見氣象外揚左右伺之如有情貫頂必是虛花透空實係正結長頸引泡勢若連珠高似飛鵝降如走馬正穿傍出富貴殊途曲落横來規模各異潛踪脈最難識輪影脈喜分明仰掌尤貴當心合氣似一外抱總之根本既固則枝葉自榮身體若強而化育

人寳奇巧怪異無非幹氣之所鍾淺露深藏寳爲盛德
之所設

點穴秘訣

定鋏案去點穴千形萬狀誰辨别也有眞機氣上扦也
有眞龍葬其脈鉗要有唇窩有頂五星九曜爲口訣輕
重大小又如何上下左右任扯洩長乳大突左右詳後
人休得去亂掘千形萬狀不一般止在陰陽動靜間陰
乳恰同男子樣陽窩偏似女人形脈下有氣陰脈便是
氣中有脈陽穴便得生龍死穴死龍生穴開口穴順逼
弦乳突穴逆逼弦鉗中須頂額上大下小逆逼弦下大

上小逆逼弦凡脈到頭須要隱微有脊如草蛇灰線雖不甚顯却有形跡可尋此脈屬陽盡處微出一點靈光融聚處陰中點穴最合式何謂靈光發越卽如孩兒頭頭上之角皆堅惟頂門一點獨柔一呼一吸正是生機如厚中取薄薄中取厚動中取靜靜中取動舍此者不是餘氣便是死塊惟有動靜處方爲眞氣平地高山必準乎此平地結穴要抽高山結穴要兜高山氣散必要兜以塹其氣如無兜則氣流平地氣緊必要抽砂抽水抽以引其氣如無水呼砂引則氣不動而成死塊來龍是對節而來其結穴處必要換氣如不換氣結穴必

臥不閃乃煞氣非生氣矣如後龍閃動其眞穴必要對正面而結如來龍包裸太緊則氣已不舒展結穴必在散處散則始舒如來龍卑寒結穴必在包裸之中則氣乃塞須用順水化煞不然其氣剛燥而煞重或得穴前一劈亦可以化煞矣結穴處必要堂局寬融方始舒展其穴乃結來龍實而穴乃實矣如來龍軟弱氣之起伏太多則氣過散而結穴必硬如來龍硬結穴不宜包裸包裸太緊則穴反鬱而氣不舒暢矣又如來龍旺臨結纏護太多穴之前後必要一劈而下如無劈必要砂以通其氣水以引其氣若無砂水通氣必要一股風來以

化其煞總之龍虛穴要實龍實穴要虛如龍身鬆散而
來必要在緊束處結穴龍身從緊束處來必在鬆活處
結穴大抵龍來結穴必在虛處吐氣如右邊塡實則斗
口必在左左邊塡實則斗口必在右如左右塡實則穴
必聚於中落脈星辰不宜貫頂若中抽不宜上面出宜
從下面生從下生則脈始眞又如牛角橫落者現脊而
下但要閃動其氣靈活就此扦點不生於生而生於死
如正龍出了旁龍結穴不宜過峽若過峽起伏則氣大
弱恐扯正龍不來定要硬來硬結方扯得正龍氣耳如
正龍結穴要乳粗粗則煞氣散若是形體生火曜此龍

富貴不須憂正龍結穴乳粗煞氣雖散必要扯火曜方貴如無火曜通氣不過人財而已如乳長而小其體又流則穴必在將發之際為截金剪火法也要側閃結者方秀如乳上死下生則穴又在乳頭如龍到結穴處穴止而龍不盡方有力量或去數里數十里有來有去其龍之力量始旺如此方謂之大拖刼去之龍必要廻砂收氣所謂刼去總宜回如結一穴正龍無刼去拖走之山則力小氣微雖富貴亦不悠久矣如腰落必要圈圈外生圈圈內呼書云大灣環小灣環灣環水自注水注財自聚正謂此也

穴口

定鋏案論穴口開口看停倚有口不葬口如脈到口則葬口如脈不到口必要葬脈之止處卽是葬口何也脈止則穴止是口不過去煞而已停者停脈也倚者倚水倚風也風水左穴在左風水右穴在右脈到口則煞化脈不到口則煞藏必要風水來化煞脈要有煞有咽有煞有咽之龍必要開口口一開而煞去如龍前行脚向內撐力量更佳或轉處橫架扭肘尾掛金丹此大貴龍也所謂龍順金丹逆有撐無丹龍不停有丹無撐龍不行

化者陽也窩鉗也卽烝也先天之妙道也葬氣不可傷脈傷脈則生蟻

育者陰也乳突也卽脈也後天之象也葬脈不可脫氣脫氣則生水

出帳入帳是關跌斷起伏是峽祖宗出脈是胎立穴乘氣是有形勢剝換是息到頭化氣是孕相傳脈絡要精圍脈以顯明處爲星體也絡以隱微言卽峽也水盡山窮須逆結山窮水盡腰間尋勢有蓋胎乘胎夾胎穴有收襟收堂收關此又認氣之旨胎星結穴之所何爲蓋胎出胎之頂是何爲夾胎左右龍虎是何爲乘胎穴前

斗口是何爲收襟牛角蟬翼是何爲收堂穴前明堂是何爲收關水城外有緊閉之砂是或峯巒高聳或小山石泡地之大小以關局之砂卜之關局之砂有天雄地雄之別結穴有天地人三法

論殺

定鐵案要入殺不入殺時終不發只因脫殺龍大盡入殺有神功龍勢弱乏旺氣全憑外殺來助力四維八表不通風莫言包裸凶砂入殺用火嘴火嘴射入文星美水入殺要冲穴冲穴入懷富貴得內外交戟扣殺明扣殺原來是火城內扣內應封王準外扣外應封侯眞時

師若能曉此訣便是眞郭璞

論抑煞

凡大盡之龍性純氣緩多有不發必要本身出火曜內外交戰其威自遠前後左右重重交鎖方爲抑煞此等結作定出王侯

龍虎之山看瑞煞瑞氣可繁丁殺氣有茲應青龍不去煞長房必敗絕白虎不去煞二房必敗絕斷山煞氣騰二五中房興何爲煞直硬全無化何爲瑞砂掀去餘氣餘氣悠悠煞氣凝百子與千孫大龍須要掀煞重劫重纔有用龍小不妨掀煞輕龍輕劫輕方相稱補洩法是

眞傳莫亂對人言

遺穴

定鐵案論遺穴只因龍穴兩相得偏愛文峯嫌案揖嫌着順砂向逆砂嫌着順水向逆掘嫌他凹風環處插只喜天皇遺戌乾刼貪朝案遺橫側仔細看來脈認得龍生穴休喜堂寛棄逼窄大凡朝來宜細小細小一樣妙難說龍眞勺水亦發越知此法尋遺穴莫說龍眞墳不發只因授受少眞訣

山洋補義

凡微微之乳不可云乳只可云脈如乳粗並不開口此

等之穴在高山多不吉惟有落坪之平剛最喜乳突高
起即以裸頭扦之不必另尋鉗口以失正穴此要訣也
平岡開口者必須龍力重大對脈開口古人有是扦而
百中難尋一二也總之高山剛質開口爲生平崗柔質
以靜爲死以死爲吉此皆立穴之眞旨也
高山結穴要兜平地結穴要抽對節龍身須換氣閃結
方可無煞閃動必須正面結穴正結無優劣龍身包裸
散處裁單寒包裸懷龍身包裸穴又包風水化煞饒不
然剛烈燥焦直穴前一劈用堂氣寬融氣舒展來龍實
處點來龍軟弱起伏多硬結氣包羅龍身強硬穴包裸

穴中欝氣鎖龍身鬆散緊處落緊處鬆散做右邊塡實
斗口左左右無推躲兩邊塡實穴居中堂氣自融融星
辰落脈自中穿上死還下生牛角橫落現脊下閃動靈
活法就此點穴不生生還從死處針正龍出了旁龍結
過峽起伏欿力弱難扯正龍精硬來硬結成正龍乳粗
煞氣散休嫌他懶坦假如火曜不生身人財功名少乳
長而小體欲流遍閃結方優乳若上死下生生穴在乳
頭眞龍到結穴龍不盡力量氣旺盛抝去之砂總宜廻
無抝龍力微腰落圈圈內外生知此値千金
已上穴法條條悉備句句明白學者果能精此未有

不了然於胸中者也但天律有在非時非人不惟不敢與以片紙隻字並不可與之爭論一二也

龍家三刼

是地有三刼不刼主敗絕劫分天地人得一可繁丁天刼是幹去久後方發貴地刼穴後去長短定富貴人刼穴前奔須要穴生龍三刼原來有五名掉扯拖攞撐掉是脚下掉出曜木火多秀麗須向龍虎脚外尋不與扯同格扯是穴後硬扯去須要氣入袋氣不入袋若扯去富貴亦難憑拖是刼去起星辰起起伏伏垂頭奔只緣龍虎先觀穴不怕千枝與萬葉攞是脚下攞秥褥三刼

煞氣去內有龍虎外鋪氈准定福綿延
撐是刼法更爲奇上撐到穴下撐底或木或火或眞斜
穴前左右俱去煞掉扯拖擺撐五樣總爲餘氣倘千金
餘氣不去數十里爲官不得出三公餘氣若非三五里
爲官不得登三品餘氣不長發不久秘傳眞訣可繁丁
餘氣及長富貴久氣全力大斗量金

三十五式總訣

直來乘勢尋旺衰也有山衰入旺吉由旺入衰凶橫來
大體勢中心也有先衰後旺落衰旺宜斟酌五枝並出
大枝豐三脈小枝空三枝並出當中覓兩脈上枝的數

枝側出覓長龍三枝成體雄水木行龍盡處是水分兩
頭是龍行順水穴須尋左右水朝迎直來偏落看堂局
偏落向南尋汪蓄汪蓄之地豐財祿順水側落逆砂美
逆穴面前順砂取逆閃落須攪水橫結也要順砂配大
帳橫開旺落成旺落有聲名之玄曲勢曲中就乘勢結
還秀曲動直輕勢取生高山平地因毡褥立穴厚處重
王字中畫用開脈而來橫者尊支水順無情邊有邊無
有處點橫來王字外乙字原來鈎外裁弋字踢中犄三
十五式盡通神誰復識楊曾
天理宜順地理宜逆逆之一字人人不識那知逆字

值千金能教富貴旺人丁刼字原來逆字取不逆不爲刼枝枝葉葉龍身隨只恐葬后子孫稀枝皆順無刼無化龍殺藏人丁不久長時師不明逆字理只向砂水取要看龍身有逆枝枝逆翻身即爲逆衆枝順一枝逆橫扯龍身煞氣去斜撇去亦名逆但有撇脫出有力撇脫煞出龍正行方是好龍神

凡龍雌者爲陽雄者爲陰有陰有陽即龍之交媾也穴之靜者陰動者陽有動有靜穴之交媾也砂之順者陽逆者陰有順有逆砂之交媾也水之縱者爲陽橫者爲陰水之交媾也

龍穴砂水惟此篇深入顯幽能體會者地理之道
思過半矣

作法雜綴附後

已下未下福地列後

山東濟寧府西關外一穴爲劉進玉下此穴形似蜘蛛結網子山午向

山西大原府大谷縣一穴地在北關外嶺上十里形似笑天獅子乙山辛向丙午年八月二十四日爲張谷山員外下

河南南皮縣西關外十里許爲張之德下辛山乙向形似鯉魚上灘此穴串珠行龍貪狼結穴

廣西獨秀峯下龍行十里結一大地名曰金線吊葫蘆

午山子向下後三載即發科甲己酉年爲程丹鳳下
廣東順德縣東門外五里許結一照天臘燭穴爲梁景
臣下
福建延平府出東門半里許結一飛天蜈蚣子山午向
爲林福臣葬父未葬時穴下有一小泉扦後卽止
又南平東鄉下一龜形爲陳懷德扦扦後百日卽得橫
財
潮州府山頭西關外十里許平地一穴形是金星吊葫
蘆乾山巽向爲陳東山下下後三年連開兩榜目下人
財極盛

崇仁臨川界此山俗呼小陂穴結大樹招下形是錦被蓋孩兒實係平地鋪氈內立丑山未向外立癸丁單向龍體尊貴山水清秀下後人財富貴定不亞於開族之象形也爲崇仁松江春謝希軾下

南豐鄧氏下地

此地出西門過河小地名楊梅形取七星拱月課取光緒庚辰八月二十日巳時爲鄧遇時改扦祖妣曁父母三棺下後一月即得小財此地局緊機圓應主速發

宜邑神崗應氏下地

光緒庚辰年四月二十四日爲應惟孜葬生母江氏地

在水口河邊俗呼牛欄坑穴名架上天平此穴龍體尊貴山水清秀定主大富大貴評曰土腹藏金五行正名九星喝形架上天平龍尊體貴水秀砂明兩年三載山川効靈若問科甲黃麻可慿又曰架上天平龍奇穴特走馬串珠行度貴格之元屈曲變化莫測衆山拱秀羅城重疊水繞玄武合襟難得庫水朝堂富堪敵國指示後人以破迷惑我今去後且看閥閱奉勸世人切莫亂說若要求地還須積德又有神崗屋後一穴形是人形所謂立木結顛門也亦有記語留後軍峯作祖起廉貞武曲行龍間破軍獨立門戶穴奇特兒孫世代受皇恩

宜邑仙八都記

余遊軍峯路過棠陰愛其山水秀麗故止之八都故坡崗名師有記余心忻之未得一覽歉仄實甚茲於七月既望適有故人熊宇春特來寓所夜與叙譚言及仙八都龍岡橋及演口等處均有曾師記語其祖山係泥牙尖發出軍峯一枝尚是外纒所謂府龍為我作城郭也記曰故坡岡上有一穴後人應難別條條金水活如龍龍活喜透空向立子午兼癸丁下後少災淩丙丁洋朝直入塚莊田萬石擁水口大旗華表聳為官君王寵西兌高峯漲天水東震獻天美上有軍峯插雲漢霧收方

可看
鴨落山上一眞穴俗眼難辨別廉貞星辰午方立神童狀元的沖天木星起當面兵卒統萬千鼕鼕鼓角巽宮起理學不須疑幪幙高懸羅城轉兒孫掛琉冕更有三星面前生文武功臣欽水口一石尖如曜俗眼呵呵笑御馬朝天人不曉奸臣一筆消代有御史朝金鑾乍見心胆寒往來因循三個月不敢向人說若是行善積德家遇合方不差一回看見一回訝目力亦轉佳三載訪主無遇者戀戀眞難舍聊記此語傳後人德厚好安墳

此地一貴一賢一仙俱在十里之內其龍尊貴無倫

其穴秀麗有情但砂水醜拙所以至今猶存也

臨川百八都記

此地在撫州府臨川縣乙百零八都龍從大王山下脈穴結大和禪和二嶺之間乙亥年看西江龍盤桓一月三至大華此山貪狼結穴穴結額門之上今爲三仙福地其右邊高插一峯卽大王山也再至大華山審其出脈直至大和禪和三日後始悉穴塲貴不勝言是地文造仙師到此十次留連不舍附記於後

記曰禪和頭大和尾內有大地真無比勢如猛虎上高崗形似老鵝飛不起面前玉案橫山遮更有貴人榜山

掛兌宮流出七貪狼七個貪狼個個長官員大小一籮蔴錢粮十萬房房藏有人下得此中穴十子八塔輔君王又曰初到禪和地龍虎似鵝飛祖宗寶殿下入手巨門佳石門洞內藏眞穴大手一脈是飛帛穴在山巓盡平和水從當面朝更多正向黃潭赦文水世代翰苑容易取大富大貴不外此凡夫俗子莫亂指十記云再到禪和下龍神會講話我欲將盤下儀似有人罵連忙走向前不見一人言有人遇此緣一甲何須言

此地余看三次龍貴穴隱非世代積德者不能遇也初現一姓其家三代節孝爲庸師所阻繼現黃氏世

代行醫不貪非分之財生平又無二色一似可得地
者忽一日正在此山忽然狂風大雨玉尺羅盤雷殛
粉碎不知造物留待何人可見大地有鬼神所鑒豈
可強求也耶
余遊宜邑棠蔭見卓望一峯鶴立雞羣細搜之果得一
穴乃卓望初落也穴結懸胆紫炁恰似天葩文星小地
名道堂沖隔棠蔭三里耳記曰
木火冲天勢雄壯三龍聚一方百丈高嶺平地過煞氣
已全挫大地多從腰裡落餘枝作城郭尾後一脈人多
忽貴龍喜昂伏順逆兩結龍力旺同局不同向穴坐主

山當代發一紀聯科甲重重羅城砂水好懸胆紫氣巧
前山鼓角俱朝拜朝考屢放差前次故人攜手看千金
實難換中心藏之已十載不期今猶在勸君快把種德
適此穴應有待大富大貴不外此俗眼莫亂猜
附錄斯山老記云一進道堂口獅子沿山吼口內出
名賢鈴下一千口又老記云三個獅子一路來一個
獅子望天台一個獅子把水口一個獅子不出來按
是山乃天財土星穴結紫氣形似猪胆石山土穴貴
不勝言可發十餘代富貴踏破青鞋不知多少久欲
扦之恐犯造物之忌延至冬月始扦扦下兩尺招生

浮蟻此樹根濕氣所生也不然其穴有合有分其土
似石非石雖有浮蟻倘是之有況隔穴土尚遠乎主
人心無卓見棄而不用殊可惜也諺云大地有鬼神
所司誠哉是言也今而後愈信造物之不可強也若
非造物有心迷人何以重重包裸之山層層底蓋之
穴此蟻從何而來蓋有莫之爲而爲者在也
棠蔭車上數穴均係龍眞穴的之地一曰小蛇形二曰
大龜形三曰眠犬形四曰西風山形似將軍大坐己卯
春重遊甘棠此穴猶存乃造物留之以有待也冬月小
子金龍接余歸家路過此處得一穴焉心賞不已翼日

同往卽余昔年老稿也又棠蔭水口一穴形似架上金盆係卓望盡落貴不勝言所謂木火多結翻身穴果然

蓑衣排記

此地在宜邑仙七都大地名蓑衣排排下出一仙橋脈脈下卽演口也大華山係江右省龍此龍前數節過一大峽另出一枝起大王祖山是巨門土此龍極貴連起七座貪狼到頭又起土帳出飛帛仙帶脈結倒地木星山下臨川所管名曰百八都此山偏能墳不遠能墳乃是枝落正穴偷落其形醜拙所以猶存

桃花尖記

此山在棠蔭河南遙望一山木火沖天名曰桃花尖仙

人都所管也尖下結一大地堂局砂水朝對俱入俗眼

惟穴情醜拙耳其上一峯名曰泥牙尖是爲一方祖山

尖下二十里出軍峯山所謂府龍爲我作城郭也

大華山龍記

大華山係西江省龍少祖頂上結一大地爲三仙修道

處又結一仙牛未下記曰大華峯下一仙牛羅城百里

收此龍不是尋常地遇者帝王都

劉坑記

劉坑左邊一山中龍勢格局雄到頭局勢更堪誇擺列

帝王家可笑時師專好名空向此中尋師徒訪問到劉坑奢華情意輕後遇董公作主東便識楊筠松主人同至烏茅洞遊遍兩三冲左輔右弼龍盤旋文遊禁勿言條條曲水來歸堂世代輔君王

劉坑曾遊三次全無遇合惜哉所看者共有三十六穴名公已下二十餘穴還有十餘穴未扦當以烏毛洞爲第一此處連結兩穴一順一逆其順結更大耳

又劉坑記

董公送我到青音着意看龍身二十年來心無偏何時了我願欲把鄱湖禁地送千金不用封昨夜山神向我

說天機莫亂洩報主情意終日懸暫下金釵鉗
按鄱陽湖禁穴乃郭璞仙師所鉗楊公陡起妄念天
雷遂止是夜神示夢於楊公乃卜金釵一穴附郭師
原記云行到江南八百州惟有西江出石牛雁鵝夜
夜鳴更鼓龜鱉朝朝掛霓琉離龍隱隱歸乾位艮水
滔滔向兌流積善之家宜此地帝子王孫八百秋
此地旺於八九兩運以時考之今當出見矣吳城過
河地名老爺廟近年忽生長洲橫佔十餘里以遮長
江潑面之水此龍連結兩穴正結北辰一穴乃是寅
午戌火局恐有知者切勿亂言附結另是一格當結

乙山辛向可出數代忠臣孝子此山對河一枝高峯插天是爲廬山廬山極大佔據兩府地界山南爲南康山北爲九江共有九十九峯寺觀三百餘處今存數十寺寺內有四大叢林一曰歸宗寺又名瞻雲寺即王羲之故宅寺有洗墨池噴雲亭亭邊有養鵝池池邊一台即先生讀書台也書法極精至今墨刻猶存二曰秀峯寺又曰開先寺左方丈右龍井內有八景瀑布其首也石壁遊人題詩亦多撫台有郎廷極者書有秀峯寺三字匾額內有草字墨刻係宋米芾所書又有梁昭明太子草書及手卷遺跡明王守仁

刋於石壁三曰萬杉寺寺外杉木極多故名之宋有
丞相包文丞者書有龍鳳虎三大字寺左一脈出一
平枝結一大地名曰萬開中落形呼獅子掛銅鈴貴
不勝言舊有長記一篇僅記數句云天子改國不改
我賜僧平肩天蓋天將相公侯不足羨世代理學程
朱傳四曰棲賢寺仙蹟極多其上有觀音橋橋邊即
觀音寺也寺邊一石昔有名妓入山修行自題一絕
云一片寒冷石翻成面面新自從遭點污拋擲到於
今詩有改過自新意故錄之此處有路通漢陽峯即
朱大祖屯兵處也峯上開陽結地三四處內有一處

形似獅子望天台可出八百年將相此地余看數次每爲山神所迷惜哉閩人有馬聰者精於地學官南康陳伯宣亦閩人與馬聰善因至南康見廬山霧氣騰騰意有佳城可爲子孫發祥基因至其麓擇一陽宅將卜居焉即棲賢寺也一日遇黃冠道人問曰此地公自卜之乎曰然道人曰此地陰有餘而陽不足爲香火道場則可爲子孫創業則不可若圖子孫久遠計當另擇吉壤公曰道人明此即吾之福緣也道長必有成竹在胸盍指之道人即引公至德安道巖山約行二十餘里竟至一村見其野鹿馴艮山勢環

繞道人曰此地居之可爲人間巨族遂居之厥後子孫克昌果爲巨族旌表義門皆道人力也即陳氏百犬槽古蹟極多難以盡述其大門聯云聚族三千戶天下第一同居五百年今古無雙區云眞艮家宋仁宗所賜也江右陳氏無出其右者廬山第一峯曰五老峯峯下即紫陽書院爲四大書院之首又名白鹿書院其峯有五故名五老峯院下一溪曰流芳溪溪上一橋曰流芳橋水口十餘里屈曲灣環結地十餘處院上一洞即白鹿洞昔有白鹿故名之山下有一台即唐李勃讀書故址其橋聯云高山仰止溯洄從

之又門聯云孔顏樂處山水窟中書院一連五祠中祠上匾朱子廟此正穴也聯云鹿豕與遊物我相忘之地泉峯交映智仁獨得之天階下有一桂樹旁有一碑碑書朱子手植丹桂六字字亦精勁其中墨刻極多

又蕭田村記云

此地在崇仁界又名應峯頂隔軍峯三十里其龍與軍峯共祖當屬宜邑仙八都所管余庚午到此盤桓數日戀戀不捨斯夜宿於山村李氏有一老人亦愛斯道乃將楊公錯記念於我听听其記語非時師所能揑者故

錄之記曰過嶺來到蕭田村寇賊亂紛紛文遊巧言脫身計師徒過藍溪大龍關內成一局錢糧真個足山山廻顧水水纏堂局真個全尋龍直上應峰頂眾峰同脈嶺廉貞雄峙插天關帝王卿相間丁財大地無休歇付與管公決檢點行裝過南豐趙氏作主東半信半疑辭別去改換別行藝五仙寨內貴人卓七曜貴人泊科甲文章不足羨公侯代代見三十六代文武貴賽過汾陽位龍行百里轉身回節節卦內分是夜夢神催速去師徒陀異憚建昌城內一月餘議論人人殊主人無福埜師來放屁惱人懷非是山中無好穴時師難辨別天地

問氣鬼神遮留與積善家

庚辰年余任南豐兩月同何生復至蕭田村細看斯山果然尊貴此山爲一富翁所得一時難以出來水口內還有一穴可發十餘代丁財榜山高穴低不入俗眼其左邊闌城一穴局亦好看穴情餘氣逼窄恐丁口難以瓜綿此穴扦中富貴兩字可以冠郡水口外一穴僅發丁財而秀氣全無半點也

余遊吉郡數次得穴不過四五處耳其最貴者無如石門坑一枝大龍此龍行度極佳龍身長遠乙亥年羅振雲自湖南益陽接至盧陵路程千有餘里可謂誠矣任

一月得穴數處主人心無卓見卻辭主往吉水吉水歇伏野人開山開出一洞洞有石碑所載楊公鉗記八十餘處當以城西青塘背爲最茲將吉郡長記錄後記曰廬陵一縣都行遍有地筠松見六十四穴出高官前後好峯巒五十六穴出大富左右盡倉庫平穩丁財穴難數代有守錢奴吉州城南與城北幾多富貴客一百二十記留後有福自然搜行到城西青塘背龍貴結大地大地果然眞大地後龍節節貴天虹飲水是眞穴富貴無休歇更有城南池北上穴多無限量俗師不識龍貴賤扦穴少効驗仙人識得龍傳變下後富貴見再看路

西甲向地天玉朝對貴丙巽甲水向東流獨戰許鰲頭
重重帳幙天玉峯富貴結全龍亥晨束裴出螺江東北
好山崗浮牌一地結平原四畔盡低田有人下得鋪毡
穴世代朝金闕回頭更視西北角多有星辰落坤山爲
主人不識七品郎官職面對海螺拜相峯開庫如石崇
水流丙巽出聰明代代有聲名忽然行到大粟市老幹
出嫩枝綬步行到何家山大地出官班巳山亥向平穩
地買賣財帛遂人丁繁衍難推算辛向水歸庫
此鉗數穴還留遺穴未下者七八處耳
劉坑梅林記

尋到梅林龍勢好光啟二年到鋪毡形如浮牌穴凡人焉能別坤山起巒在後頭艮癸實堪謀官水流癸官職欽富貴帶根深代代兒孫做高官初到梅林看

証龍從東山賽發源帳幙重重貴已極矣至西嶺復起營寨高山橫開一帳不下數十里脈自腰間穿心而出御下擒原盤旋屈曲恰似生蛇渡水再起一座祿存大開連城土帳重重脫卸節節傳變經云箭道如鎗出公相此之謂也劉坑四仙官飛鵝俱在此處

劉坑董氏飛鵝形記

董公留任二十年相待意無偏又下白龍塘一穴留記

歌中說坎癸騰騰入亥乾丙向夾蛇幷虎馬兎山高起
頂庄田置萬頃巽水長流入丙宮然後轉回東下後一
紀官職至爲官多大利百二山河做官郎代代達朝堂
日後爲官五百任官國山相蔭若得五人同甲名官職
漸時榮着紫着緋幷着緣寅甲水來逐他年猶恐惹瘟
瘽內反及家堂五百年後有一敗辛戌水流亥若得此
水仍歸庚依舊號劉坑

又董氏飛鳳形

飛鳳啣花落平田眞穴落在飯籮前花影重重高着眼
水口三峯出狀元

余觀此龍左角另有一穴扦得卩的兩榜可得
南昌三江口舒家所看一穴形似曲尺木初現之主人亦不甚信後爲大房所覺卽開之果得一暈上小下大有似葫蘆遂葬四房祖妣地名白狐嶺上嵐岡故記之
記曰白狐嶺下兩度過貴龍結穴果然多巳下諸地不足湊尙留鼎甲未曾扦三港三峯齊照穴玉屏玉帶同應脈層層通得玄關巖山山環繞水城妙富貴綿遠先論局此局世代食天祿富貴原從龍身出不識龍法莫亂述巨石落河切莫誇大地收局不收砂論星裁穴始爲眞木火行龍定翻身是科是甲榜聯扦爲將爲相壓

鄉邦最喜城門華表起百代狀元君莫疑捷足先得前人語福地還是福人君

鹿角峯記

余遊鹿角三次龍體果然尊貴此峯連出數枝左右兩枝均有大地未扦聞楊公在此盤桓數月有記留後即訪此處長老果得楊公錯記筠松望見鹿角峯此龍甚英雄隨同文遊步其蹤丙乙在其中踞坐峯頭四望間百里羅城關立邑爲官鍾秀氣臺職不甚計夕陽西下宿仙壇道士擁爐談驚訝此老有神機文遊笑嘻嘻亦日雲霧起濛濛忽轉觀中停怪問文遊笑何因隱語驟

難明文遊一一爲指出眞是神仙語霧收又出觀頭看
別有天地見山山出頭護羅城星星愛殺人鹿頭牛山
有一穴飛鵝僕壁跌三代富貴冠州郡文英百年膺

鹿角左峯記

左畔又見一龍飛雄猛落穴低天漢天皇入兌坤局勢
更圓潤華表捍門鎖百里事業人莫比艮宮行龍急轉
亥莫向他處猜甲山庚向水流辛狀元時常新節度封
侯鎭邊城食祿非庸人更喜雄龍殺氣消下後効亦縣
一處爲官一處家蕃衍遠近誇漁樵耕讀四般人德厚
方可營世代科甲永不離悠遠更無底

吉安古老坑

試看吉安古老坑坑跌萬丈深頓起巨門一間星此處見穴信分出四枝短與長時師日日忙豈知四枝作城郭穴在腰裡落恰似飛鵝貼壁間世代列朝班

余遊此處二次巨門角出一枝未扞腰結已扞其向亦錯坑上一枝亦結兩穴自甲子至甲申已隔二十餘年不知此穴尚存否

楊公避黃巢亂行程記

白鶴青烏眞口訣金鏡盡漏泄只因黃巢亂入京束裝奔鄉村行到洪州値大軍入馬亂紛紛軍人喝下搜行

李笑訶扯故紙書中盡是邱師訣斯道幸不絕上天祐
我已歷生死命更還生斯年筠松四十五跋涉不知苦
奔到清江便搭船牙客說眞詮久住除非往隱源彭宅
好招賢師徒同行到他家果是好奢華相見便留經一
載內外皆相愛試看富貴從地出莫爲俗士術只學陰
陽求機訣日夜時常說說着又怕鬼神驚東家叮嚀問
二十四向分災福撥砂在掌握邱公授我胎腹經吉凶
不差分上論三才並六建日月星辰見尋龍下穴重分
金乘氣兼加論先看山形後看水但把古跡比全在眼
巧及心靈切莫順人情今日時師異日仙萬古有人傳

走到巖下無處歇借宿在曾宅不想此老積德深丁財
今冠郴須知吉穴在在有暫留記一首

遊虔州行程記

久聞漢家葬虔州暫别去閑遊遊到虔州上萍鄉葬在
白雲塲青化鄉裡東流水層層羅城美千里行程到此
山水口北辰關山下有個西隱寺師徒權且住明朝早
行山徑中見水便尋龍一回一曲眞龍現大地看權變
潭水咚咚雨濛濛深山難步從欲觀北極紫微垣鬼在
巖頭言此處地名衙鼓洞戒汝莫亂動四神八將盡擁
從胆驚目亦蒙再行百步龍神現聖祖未曾見猛獸毒

蛇無其數雄心到此休反復回頭仔細看那知皇陵漢
穡思聖祖有威靈世代播聖名實意來看漢高祖還是
空回手一師一徒受孤栖山棚身暫棲只爲世人不識
賢聊記後人傳

長安陷城楊公逃走記

君明臣良賽前朝雨順兼風調不期廣平明年始十道
干戈起黃巢作亂入長安百姓遭貧寒文武軍民俱各
奔逃竄亂紛紛梅州隱過五旬餘斬草連根除窮松此
時心思忙師徒同逃亡脫却新裳着舊衫旅店苦難堪
一月有餘糧已盡賣卦人難信可憐殺人如殺鷄經過

入民稀縣在西京南路口兵卒日夜樓迢迢大路絕歌
謠天災何日了筠松發櫃得眞本奔入洪州隱行到洪
州大市鎭兵卒口難分軍人喝下搜行李師徒四監裡
搜出故紙笑呵呵死裡觧兵戈九月初旬離洪州到吉
心放休吉州住了一年半且往各處看一日來到石頭
城遇着逃軍行嚇問師徒往那行火急說前程且與使
臣訴衷腸難人身姓楊七代輔朝傳至益國亂民貧極
筠松哭訴長安事溝壑盡老稱使臣再問願何官帶汝
入長安筠松階下俯伏奏官職都不要如今不願入京
都情願隱洪州使臣聞言泪如雨暫依筠松語使臣邀

松至他家隱約會地卦經過溽暑秋雨愁冒雨望山頭
担起火籠各方走大地眞不少小板源頭一大地代出
高官位下後白日便升天三旬即試驗士卒笑我發風
顛自稱地中仙小板源頭誇大地萬代發巨貴如果小
源龍尊貴同去看詳細一見山山盡來抱萬聲齊道好
使臣見了心歡欣擇日檢黃金瀟上即刻挖下墳棺下
鼠紛紜使臣再問還有物松言大蛇窩潛囑士卒伏塋
前果然不虛言忽見大蛇數丈長蟠繞在墓堂使臣一
見驚回歸俗眼休見非我等如蛙井觀天不識地中仙
眼前眞金都不識雙眼無一隻使臣吩咐子與孫擺酒

謝師恩筠松本是朝中臣今日隱凡塵廣明元年長安道十個國師到眞本筠松拾得來文士識其才文士識得陰與陽暗將出本藏

奉新地列後

余君奉新數月得地三十餘穴另有一簿題曰鍾靈福地最愜心者惟有蟠龍含珠鯉魚伴坳饅頭合氣螺絲吐肉金鷄落陷雙金扛水其餘小結亦多難以盡錄以上數穴俱係大地結於南北西三門其東門平原一枝名曰九節葫蘆節節結穴已下還有遺穴未扦係陽宅所占此穴勝於他穴一時難圖耳

萬載未下地

萬邑出東門二十里小地名斗門大山落平岡開一芙蓉帳穴結回龍顧祖前有記云坐南朝北紫氣結穴山山朝顧四神不缺午山子向官星赫赫下後一紀田連阡陌此地依余管見先武後文震庚起峯照穴親切亥峯縹渺晴明乃見故其應驗如此

湘鄉地誌

長沙三湘湘鄉爲最甲子兩年均在湘邑所得幹結亦不多覯前在四鄉覓有數穴亦難憶耳曾記七月望後同朱友數人跨馬直至女子橋住數日得一地焉高山

落脈平地結穴穴結太陰吐魄下後可以文拜武封其發蹟長遠未可以代計也隔會文正公老封君佳城不過三里耳由此下縣宿於古刹偶得道人授以玄門動功其訣云雙手擎天理三焦調理皮胃如射刀左肝右肺宜單舉五癆七傷往後瞧雁翅雙飛開胸膈十指尖地固腎腰注目單拳生氣力坐卧顛地飲食消

按玄門有動靜兩法此動法也朝夕行之不獨却病且可延年後漢華陀傳陀與吳普同時普精於華陀五禽圖術其術有五訣曰虎鹿熊猿鳥體有不快則作一禽之戲而後身怡汗出自覺身輕而病愈矣又

考蒙求養生術亦云體有不快時作五禽戲圖可治五癆七傷屢試屢驗○又華陀治疣贅症其法以蒜白接荸薺雨水洗患處不拘時刻無事即洗其法良効此方傳自沂水一女子一日語其夫曰爾得此方可以喫著不盡矣言畢忽然不見

長沙兩縣結穴名目誌後

宿山一穴此地近岳麓形似天馬飲泉穴扦馬脊馬家坪高山落平穴星極低亦可發甲古寨城穴結池邊右牙刀左寶劍穴形醜陋不入俗眼極貴駱駝嘴此山蘆鞭行龍穴結木節星體秀麗又牽牛嶺一穴福江萬笏

朝天○臥龍山一穴未下此龍山勢粗雄穴閃於側所謂粗雄帶側尋也前有石人朝對○石塘一穴形似獅子滚毬甲山庚向此地穴結口上其貴無比曾到數次留連不舍照港一穴前有玉帶金魚○橋頭一穴江水暗拱○鵝羊山一穴未下此地羅城週密陰陽明白○結茄一穴穴結仙人伸掌前有雙峯插天後有寶殿下脈來龍雄壯天大夾峽四維起峯父母山頓起土屏遠望似木近看是土○白茅鋪一穴穴落平田形似蜈蚣前後俱有高峯下後富貴雙全○殺狗冲一穴未下入手亂石嵯峨水口城門頓旗頓鼓大貴因雨急廹未格

向耳〇麻潭濱此地在鵝羊山下形似金龜下塅岳麓及谷山俱見下後兄弟榜甲〇望城坡此山岳麓來脈形似側船亦主數代富貴〇龍潭兩穴一係龍耳一係龍鼻穴結大江頭上向對牛洲兩穴俱貴惟龍耳更悠久耳〇榮灣橋一穴形似天馬下河可發巨族〇畫陵潭此穴雖到兩亥山向尙未審的左岳麓右善化下後世代榜甲丁財無替

寧鄉縣結穴山名錄後

乙丑年路過甯鄉數次愛其山水秀麗遂止焉得地數十處惜忘其半茲將所記者錄出以示後人其一爲山

竹溪地仙冲山查林石塘冲青塘大塘皇封山俱有大地存焉其次渡頭金馬橋石龍關錫杖洗馬波瀉油波沙坪石壁黃笋白龍古城金鷄冲龜塘照港谷山草洲新安蔡橋龍潭此數處結穴大小不一惟俟後人福緣如何耳

圍田二穴未下

地在湘鄉縣大山落脈出漲天水星穴結真武坐壇羅城週密禽星守口前有石龍石馬兒山展旗先武後文

龍陽結穴地名記後

龍陽隔益陽不遠余常經過所見穴山記後其先所看

者風山佛子嶺龍潭橋大羅嶺何塢墩官坡上南沖下南沖其次所看者湖連塘首溪港胡家坳長田赤塘牛車橋雄溪源車門墩仇家沖數處邑中雖不止此而所見惟此而已

庚午遊樂平所得吉穴錄後

倉山龍極尊貴天乙太乙夾峽宋末有許姓者富甲一郡亦好地理來往山人幾無停刻時值暑月有同邑地師洪士良者洪係吳景鸞先生高徒常住許姓許以時師目之洪亦置之度外後十餘年洪得志京內特寄一函許折之內云多買倉山地少買倉山田倉前倉後兩

狀元可笑主人無見識眼前大地也無緣橫路店一穴三里鋪在東鄉係幹龍行度連結數穴中間腰落余爲陳姓扦之此龍隔董明王數里耳中枝出章嶺穴結牛山魏天渡小地名荼包山入手鋪毡過峽此龍極貴連結兩穴下後世代鼎甲樂平有五塘五塘者白塘洪塘青塘黃塘石塘耳惟有石塘最貴此處結一理學名臣地

樂平北鄉地名洪巖巖有古蹟洪士艮祖墳在焉西鄉金銀山此山亦高連發三枝均有大地存焉

樂平西鄉馬家秧五坂結一回龍顧祖再上三里馬廷

鸞祖墳在焉地名雀兒籠癸山丁向坤水上堂乙口出水其盡結卽方家月形亦出鼎甲其分落結一天財穴爲馬邦彥改扦祖妣開穴三尺卽見穴暈正是福緣到矣

長沙益陽縣二堡上石馬頭過河地名仁山港由港進冲結一順結形似側乳龍眞穴的砂水有情乃是左仙弓格小子金龍爲趙午橋老師所扦生基也又爲契友葛廉泉下數穴亦在河南均係大龍正結其福蔭未可限量也

廣濟縣地記

此龍係中幹逆水貴不勝言戊午秋遊廣濟見賴公手
蹟數處一爲陳氏湨裡月一爲劉氏葫蘆蒂一爲李氏
梳齒木皆係已發老地無庸多贅其外尚有遊鴻寨馬
口湖橫江嶺紅塘湖侯風寨五處新穴其最著者遊鴻
寨也自記長鉗乙篇僅記三四句耳其內云萬丈高樓
平地過言其峽之深也又云此地公侯不足羨世代封
王永興隆言其發蹟之大也又云四枝長短失其踪言
其眞穴難覔也附侯風寨全記云貪狼出脈芙蓉水木
透東沖極得體橫岡帶甲廉貞火走馬三台誰與比降
脈巽氣石胎落閃却凹風眞個美卯酉甲庚兩穴挨惟

恐時師難裁取一紀兩代平平過長房三代更得位男作將軍女皇后亦主長女應大貴出將入相貴已極立功邊疆世錫地

都昌楊州嶺地記

楊州嶺下有一脈一脈結兩穴第一沒骨怪又怪俗眼何曾愛第二貪狼結拖鎗路邊無人相木火多結翻身穴先賢曾已說有人識得雌雄訣富貴無休歇我今拋却名山去知已何日遇

壬申年重遊閩省記

同治十一年一徒一僕重遊閩省至浦城遇寇而返路

過河口遇一故友同至德興黃柏堂寓於徐清源家得地數處一是土腹藏金一是沖天馹門小子金龍患病移寓猫竹林陳老許家住數月亦得數地一在屋背禁不許下一在嶺上穴結天財垂乳此地回結穴極尊貴名師記語亦多大地名今呼盤龍崗一在下坂平洋撑定冬月安葬披盤龍崗有三處焉一在官坑嶺爲上岡即金斗梁出朱文公祖地也一在大汾潭爲下岡卽虎形山出李沐英十八代封王地也此爲中岡陳氏德厚因扦之並留記云寄語形家莫亂叫顛倒背面呵呵笑平心靜氣耐煩看方識此山妙中妙越一月小子金龍

病愈爲邵氏扦二穴形似毛葉流珠亦可開科發甲若非德厚之報焉能遇此緣哉

名公記語附後

吳公云盤龍崗上勢迢遙逶迤屈曲南極朝三吉來時天馬隱太乙作向翌火猿乘金應木是眞機穴在天門不用愁下後一品傳三代累世積德方可謀又云迢迢一脈到盤龍有龍無虎是眞蹤坐癸向丁納丙水武曲捍門在其中

廖公云迢迢一脈到盤龍丙午丁未轉亥宮坐癸向丁納丙水有龍無虎是眞蹤丙水夾出雙坑口捍門華表

插金峯前有粉盒牙梳案後有玉枕似金鍾狀元榜眼時常出後代兒孫出神童又云子癸迢迢轉亥宮形如金釵插筆筒前有牙梳粉合案後有玉枕似金鍾坐乾向巽納巽水巽龍出脈是眞踪有人扦得天巧穴後代兒孫出三公

董公云岡上巽巳脈來長龍眞定然出侯王粮積千倉田萬頃初年先發青龍房玉帶仙弓來作案金釵插壁眞形藏

庚午遊婺邑過樂平自記

一卷青囊掛杖頭浪遊不須愁久聞雀兒籠難尋因此

過樂平樂平住住兩年春未曾遇知音不知地理出高
官富貴有多般龍穴向水不錯宮興廢在掌中只要眼
巧及心靈到處有人請行盡饒郡七州縣大地石塘邊
石塘龍貴落平原穴星如珠圓三十六代文武貴代代
人敬畏累世積德如果深着手自生春今日時師異日
仙後代有人傳沒世不稱君子疾我亦留手跡明朝從
此去婺源重拜聖人前

石塘又記庚午識

留連石塘多少路惟有平田一穴悠西兌行龍轉入亥
一路天皇脈中抽水口獅象重關鎖氣流庚丁歸斗牛

旗鼓三台前面列天乙太乙護冕琉爾來眷戀因何事
只為寒牛尙未收糞門扦穴貴無價文華武英傳千秋
覓寶必須南海客不遇仁人莫亂謀

南省益陽自識

余遊星沙兩次最相契者趙君午橋唐君叔封葛君廉泉惟此數人而已此數人者皆與以龍眞穴的之地其發蹟不可以代計也所見名師記語亦多惟修山一地余甚愛之春日無事攜友往觀竟得天巧一穴誠大地也因錄其記云修山在東水在西西兌行龍到柳溪舉頭望見修山面便是狀元宰相基左有行旗右天馬了

孫富貴傳天下清波鐘鼓點更深穴結奇巧妙星辰

奉新南龍幽谷記

同治甲戌予遊奉新愛其山水秀麗故止之越一日友入邀至幽谷予驚曰此處曾發大貴否友曰未也余曰有此貴龍何無貴証夜宿老生員家曾語余曰此地有記爲客誦之記曰說水談山世俗空廉貞作祖峯重重寶華殿北安南古幽谷壇前廟後鐘鳳閣火生丫口石漲天水下巨門峯雞鳴月關移南斗犬吠花陰過坎宫雲水帳中開慧眼筆花夢裡再相逢沉泥一脈如能悟學士神童列掌中翊日早起私看一過竟得此穴喜円

得之矣聊誌俚語以示後人故錄之記云幽谷山後一
尊龍頓伏亦豐隆語君尋地看頓伏頓伏不可忽尋龍
先分枝與幹大小穴可觀尋龍點穴既得法登山免亂
挖穿田一脈勢横飛龍貴臺閃棲識得棲閃穴可下眞
僞定不差時師不識龍棲閃貫向陰面走倒地貪狼穴
最貴居坎更得位左右兩砂如將臺世出棟梁材明堂
滙聚鎖重重萬馬實能容穿山乘氣在加兼消納方不
偏可惜眞金無處沽不欺語記古得地原來在心田德
薄勿亂言惟我與爾是知已戀戀不能已寄緣福地兩
相應着手自生春

福泉山下記

在地德興小地名橋頭三龍合氣穴怪不入俗眼此龍極貴故記之記云福泉山下有一脈此穴難辨別武曲金星開大帳三龍聚一片大小兩水入穴前蓋砂入平田五砂收盡源頭水豪富石崇比倉庫一星居水口將師何曾曉二十四向皆可立天池一穴的此地科甲代代有子孫猛着祖若還求地不種德緘口莫亂說前有名師郎慶和者亦知此穴尊貴留記以示後人是古人先得我心所同然者矣原記云福泉山下水滔滔橋頭三峽眞龍交三龍會聚蓮花托猿猴排牙龜蛇泊五股

逆砂齊收水華表一石竪河底二十四向入都曉無福之家豈能謀人丁發得五千口財源可上百萬樓吾今去後不回頭世代富貴永不愁

大青山記

地在化德廿泉鄉小地名大青山尋尋龍到此愛其龍尊龍貴水秀砂明留連數日覓得一穴貴不勝言惜乎福薄不可覬覦嗟乎天道福善禍淫不知造物爲誰看守越月復至此山細審一翻果然尊貴其峽有天太兩峯拱照其口有日月龜蛇鎮塞盤桓不忍去無何日暮竟至古刹投宿夜與老僧仝榻叙及是地楊賴有訊僧

念之亦與予合因嘆曰此二老先得我心矣故錄之記曰寶蓋天皇下脈清誰識眞龍帳下存蘆鞭行度水木體大字無橫便作人迢迢門對三陽口震山一合値千金上有分分下有合前後官鬼兩分明乳無穴情窩無䄂爲稜爲臃是眞情有人識得呼吸理文英傳名百子春

吉安盧陵五十二都記

地在盧陵延福鄉五十二都小地名旣濟台乙亥年五月後由資水過吉郡程途千有餘里越一月始至羅府韓振雲者時値暑月覓得一穴府龍腰落可以關點因

記之記曰資水行程到吉郡也是前世因吉郡任君暑月天能貴亦不厭語君尋穴先看龍龍貴穴自融語君看穴先看口口緊穴自剖語君看穴先看堂堂寬穴自艮語君看穴先看砂砂交乃不差語君看穴先看土須求太極有一個範圍大極現切勿生偏見偏見皆因爲利起害人終害己試觀台前龍中出體尊不須逃別人看形我看神二者自分門分門因此逞異說異說最易惑九星結穴在傳變知此眞僞見莫謂高手無處覔還笑認不的陰陽二宅俱已現歸家早着鞭——

萬載白艮畧記

萬載白艮放姓陽宅龍落大墩四水歸堂名曰水推磨翻身逆結艮山坤向坐空朝滿盤砂層層自唐迄今衣衿不脫丁財未替亦是三元不敗之局非楊公不能扦也其宅後過坳一穴磊磊落落有似蜈蚣行度入手穿田過峽穴結盡頭又似樓船出水下後大發丁財亦可開甲隔縣二十里進北門北門城上有龍崗二字又名龍崗門楊公在萬載打坐十八年時至白艮有錯三十餘處今逸之曾公亦在萬載打坐其年數不知多少亦愛白艮白艮有洞曰清陽遺囑葬此沒後其徒從贛州迎棺於此今呼曾仙堂堂下一洞即清陽洞乃曾公成

仙處也諺云淸陽貫洞水幽雅實可取魂已騎鶴去骨
埋咫尺裡舊有高碑世代久遠爲水所淹形呼金鈎掛
丙乙山辛向此地龍奇穴怪不入俗眼

乙亥年由吉安下萬載記

萍鄕蜈蚣山中出一枝極貴連起六府兩座左枝走分
宜結嚴嵩父子宰相地右枝出宜春結袁侍郎祖地其
餘科甲小地指不勝屈又分一枝出楊橋結一大鎭市
開大陽宜春管連結兩穴一順一逆局面堂皇扦後一
發巨富一出大貴

萬載黃皮尖祖山出雪山一枝亦貴官庄落平出兩枝

地名溪坪連結兩穴形似蛤蚧俱貴龍從紫角尖下高城進沖有一回結係封禁祖山此穴亦大

小源下地記

小源一穴翻身廻結大龍落小枝龍貴局緊光緒元年九月二十一日爲楊祥麟葬父丙山壬向又在井田扦一上聚穴形似飛天蜈蚣此地係老山前人失穴盡扦下截以龍觀之不止丁財榜也

茗山古記

咸豐乙卯年遊茗山寺得吉穴三處廉貞作祖貪狼下脈此龍極貴舊記云一賢二仙三閣老父子鼎甲身壽

考又查古鉗志吳公號景鸞者寓東方寺數年寺有名山鉗云起祖星峯生華蓋疊幛層巒列天外龍身聳拔人敬畏祿馬高雄實可駭分枝劈脈作州縣正落鄉村龍一派迢迢西兌往東生百里羅城眞可愛白額巖前失了踪却看東方爲中界鐵山過峽甚分明白雌高峯居乾亥水從萬里遠奔朝粉黛宮娥相對拜誰家世代有陰功將相公侯生百代男招駙馬女爲妃執掌山河權內外形如猛虎出林泉勢似將軍坐城寨上下高低任君扦莫道此形多古怪分明說與世人知武昌大冶兩分界此穴至今猶存不知造物爲誰家看守也

鄂龍來源記

龍從梅嶺發源閃出一枝走贛州過吉安一起一伏迢遞而行到萍鄉界轉面側出特起蜈蚣山此山週圍數百餘里寺觀數十座上有一寺名曰觀音大士寺內産羅漢奇竹此竹作杖脚力可以不倦肩上開一小帳左至澧陵縣右至袁州府正龍勒轉而行至瀏陽界出金牛轉車格又開出入兩帳左帳結長沙府右帳出萬載縣再走巨門街起九龍寺出店塲過一大峽至義甯界又走銅鼓十八洞開一連城土帳其左帳至長沙平江縣右帳至西山吳城中結順騎一局地在甯州上鄉順

騎後又出一帳其左帳逆結長沙岳州府右帳直至九江匡廬山洞庭鄱陽皆背龍之關城也書云關城大結局亦大分枝劈脈難以悉舉正龍下白楊嶺過重陽出通城至蒲圻界走咸寧入江夏走盧家巷由洪山進東門收大江九曲水入明堂總督衙門乃正結也武昌府學是附結也其餘小結不可勝數武治崇嘉乃是鄂龍外帳龍泉照山亦是鄂龍內帳楊公云尋龍認局看關城南岳正龍走巨門洞庭鄱陽數百里放開眼界切勿瞎內結大地三五處帝子王孫貴無倫將相公侯三百六白日昇天可爲神勸君到此莫亂言餘星不禁禁北

辰此龍六圖先生曾到數次嘆曰帝王將相不足羨世代理學產神童即此觀之鄂垣江漢實爲南龍小幹也茲記其大畧云爾

同治六年七月既望識於信善堂左廂書室

休甯珠塘地

丁卯仲春余由樂平過休邑至屯溪暫寓中街旅館時與關帝廟老僧往來得看休邑大地二十餘處所最愛者呦鹿啣花風飈羅帶仰天海螺八風吹火螳螂捕蟬余猫捕鼠種種貴穴美不勝數觀其放棺乘氣立向佈局大有作用余拜服之非仙師不能下也移時夏初友

人邀看珠塘鉗穴駕輿往觀着摸不定細看後龍王字過峽三台落脈果然龍會體貴水秀砂明因私嘆曰眞龍定不虛生穴從龍出龍以証穴旣有貴龍必有貴穴友曰賴董仙師都有記語何不拭目以觀之於是耐心靜意盤桓數日乃得此穴蟬翼小砂至今猶存經曰隱隱降降吉在其中蓋穴不隱藏則龍必不貴穴不醜拙則龍必不特穴無石占則穴不能掩此天留之以待積德之家也接錄二仙記語於後賴記云大地大地眞大地廉貞起祖果奇異猴騎石馬出離宮虎赶山羊來天市玄機抛繡毬誰識毬中意就毬固不然棄毬亦不是

打破毬中機方識毬中龍穴在微茫難上難神仙點破易中易坐着啟明面長庚璇水東流貴無比三千粉黛列於前卓立端方屏後倚漫擬鐘鳴鼎食家子孫皇皇千萬億噫嘻哉公山之北北山南踏破芒鞋幾往還可惜眞金無處買一聲長嘆過來安董記云人言大地隱珠塘誰識眞龍在內藏天機妙處從來秘留與善人作福堂這福堂世無雙龍尊體貴非尋常五桂齊芳王字峽東西日月夾兩儀入首搏換朝天馬天機落在巽山岡天心大乙前後照俗士不許妄評章重峯疊幛團團轉萬派千流聚明堂日月捍門居水口獅象外鎮勢軒昂

積善之家扦此地簪纓世代福無疆細按斯地合得一條辛水往東流可做天下狀元頭一格德薄之家慎勿許也再將張吏目地案亦錄於後所閱古仙飛布鵝塘珠塘伯山諸記每每默想大地情形必要如何結局確然不可移易豈如俗土指東話西乎丙寅秋遊嶽邑曾看呦鹿嘲花仰天海螺蟾蜍捕蟬風吹羅帶靈貓捕鼠諸大福地乘氣佈局確有卓見非仙師不能下也而於珠塘伯山尤留心焉但見其地果是五腦芙蓉帳果是亥脈王字龍果是獅象日月捍門貴已極矣所云翌軫辛峯織果是辛峯高起所云天機落在巽山果是仙帶

之脈渡到巽上過脈一伏一起頓起高峯五股颷下中抽落田再起金星蹲踞穴中亥脈入穴日月獅象居穴左右以守水口翊軫高峯峙穴左手以作近案內堂緊夾誠美地也不意中街程氏被惡俗地師強扦一穴受害不淺幸敗他處伯山之穴依然無恙但記中猴騎石馬虎趕山羊二語疑其近於怪誕誰知仔細一看果是石馬在申宮果是趕到天市所云就毬固不然棄毬亦不是二語中有隱語令人難悟細案半週其穴場果不在毬却不離毬的坐啟明而面長庚始信古人明白示人而俗師自不悟耳欲識龍穴眞假非精於傳變者不

能也

南嶽山記

此山週圍七十二峯古蹟極多內有長文一篇篆字難識峯下卽聖廟也聖廟極大寬廠雄峻無與倫者廟下卽嶽街也南嶽志八卷曠敏本修寺有九宮西邊一宮名曰金寶寺寺後通祝融峯約有三十里許至半山坳上三里許曰一天門再上一程曰二天門再上一程曰三天門中開一陽係上封寺其寺亦大同治三年曾撫台重修焉旁有上聚一穴子山午向亦爲曾氏所買頂上峯卽祝融峯門頂三大字乃李太白所篆也

婺源記

婺源出東門玉沙城洪家約有三十里許大山跌下一脈脈出冕琉一格貴已極矣今俗人因呼曰冕琉峽有穴未下子山午向又五里過板冲有穴未下又三十五里小地名浪中峽一穴未下乙山辛向

德化譚家坂記

同治辛未由徽州陸路歸家路過德化潭家坂途中暴雨難行借宿譚錫松家其父已屆十年因其誠篤代扦一地形呼烏鴉泊地龍體尊貴山水有情扦下三尺內暈圓淬金黃奪目扦後定主丁財冠郡科甲蕃鄉楊公

云不是山人眼不開福地等與福人來者此之謂也斯山下後房房開丁年年進財未下地時丁財俱艱目下添丁十餘口進糧十餘石發亦速矣

理氣兩宗

理氣之學有二一曰浙閩之法一曰江西之法浙閩之法陰山陰向陽山陽向江西之法龍以合向向以合水配龍配局盡善盡美其法傳自楊曾至後代理氣紛紛遂失其傳大宋朱文公出定爲盤式其道又傳於天下他如賴大有謝子逸輩尤精其學其說主於形勢原其所起即其所止以定山向專指龍穴砂水之相配而言

俗師拘泥在所不論今大江以南間有遵之者二家之說雖不相同然皆本於郭氏葬乘生氣一語而來後世言地學者皆尊璞爲鼻祖焉

湖南長沙省記

遠溯長沙之脈自西蜀岷山歷西粤梅嶺始析爲二其一東枝走贛州吉安西枝入雲陽爲茶陵州入司空爲攸縣再歷袁州過瀏陽之黄崗起寶蓋嶺分一枝入青山結湘陰縣水出青港甯鄉米谷竹木盡聚於此又分一枝入章仙結醴陵縣正脈出黄土嶺走侯公塘分兩枝右枝走北門二里牌至三塘坪左出花鼓塘跳馬澗

此處龍勢小憩亦有佳塜在焉迄至蔡公墳兩龍合氣中爲仰天湖洪水泛漲挖一長溝出老龍潭西流入河省龍由天星閣進城右瀏陽北門左善化南門至於鳳凰山丁仙吉仙白石嶺鮮花嶺堞子塘洪恩寺鮎魚山均係中出其山高聳以老關爲右障昭山爲左障脈皆四正不雜四隅迢遞入城城有三池惟荷花池爲第一城有數穴惟學院衙門爲第一街道十餘条惟陂子街爲第一善化學宮係名師謝子敬扦求忠書院在荷花側城南書院在南門外白沙井亦在南門外枯樹一枝梅在北門外嶽麓書院在西門外過河三里許爲四大

書院之一朱子所建外省亦可肄業四圖名墓亦多現今鼎盛者仰天湖左邊長沙余翰林墓辛乙兼卯酉外立辛乙單向庚龍癸口金局湖之源頭善化縣唐孝廉祖地係單提格酉卯自旺向辛龍乙口水局瀏陽劉宏佑祖地乙山辛向甲龍庚口木局東西兩穴皆富甲一郡兩池中間結一横騎龍腰受六秀氣係善化賀長齡祖墳兄弟四詞林爲提督爲方伯爲尚書爲侍郎至今未艾其餘小結不計其數

水刼地記

富川南鄉木石沆上一枝大龍曰大力山結一上聚穴

萬青藜祖墳在焉地在陳家對門俗呼牛鼻穴此龍末落當結世代公侯地到頭化一泉洞洞水極長可供百餘家紙漕此穴爲水所刼昔有名師到此嘆曰此龍若非水刼定出理學名臣

鳳刼穴記

楊辛街進冲二三里有一石洞名曰鳳棲洞洞前有一寺寺後卽洞口也此洞景致亦多僧云七十二景茲錄其可見者述之一曰摩兒來此石恰如小兒求嗣者暗地摸之摸得天根者則生男摸得月窟者則生女亦驗一曰雪山雨山儼如雨雪一般一曰遊鳳棲洞儼如蜂

窠一般一日上水鹽魚石如水浪儼如活魚一般一曰鯉魚伴𥔵大石如田恰如鯉魚一般一日團魚燭沙上有焦石恰似沙形一般一曰龍床鳳倚恰如龍鳳一般至於蜜蜂窠芭蕉葉芙蓉樹其景精致雖畫工亦難描也最可羡者洞內生一大石石生百眼因呼為百畝田田中生一白鶴其石潔白如羽觀者莫不留連今䧏高知州鑿去惜哉遊人題咏甚多不及詳載此風水也錄此以為後世好葬風水二𦍑者鑒

新昌斜港地記

此地在廣賢鄉三十九都老廠背後倒地木星穴結上

排正穴三棺余在坐山右手貼脊分一大棺此穴可葬
兩棺懸中立有謝字一紙附記之此地龍從官山發源
磊磊落落大開大合翻身回結格尊體貴砂明水秀誠
大地也細閱後龍節節純淨山山拱照成格成局得元
得運兼之明堂水口件件合法眞不多覯之地也抒之
得法定主累代富貴奕世科甲記曰官山作祖生華蓋
層巒列天外行龍屈曲體尊貴帳角枝枝對丙龍入手
八武穴倒地貪狼格上砂下來下砂上大將登壇樣明
堂滙聚鎖重重萬馬實能容太微坐山天皇兼消納方
不偏龜蛇二將守水口捍門豎華表貪狼高峯居乾位

科名應大魁經云乾山水流乾乾峯不虛言世代箕裘
永不替房房無高低

會市楊樹窩記

楊樹窩中有一地山高穴却限木火行龍多逆結撼龍
爲若說重重貪狼似出陣富貴在龍身庚方一砂頓旗
鼓發文更發武羅猴鎭塞水口位土星結上聚翻身收
盡源頭水豪富石崇比四神八將起峯巒威震敵人寒
五星歸垣形局妙理學入聖廟辰山戌向水出乾合局
更得元

此地在天寶會市出東門數里時人呼爲理學地收

盡一方山水誠大地也也扦之得法其出理學亦非誇
也

四川省龍識

成都之脈來自雲嶺雲嶺分三枝其中枝下長安結百二山河之地其高峯曰秦嶺週圍羅城約有八百餘里其垣局罕有匹者爲古今第一都會也其右枝入四川至松潘公幹嶺開一大帳橫列五山山高亦秀過峽體成天葩文星結一斬關局亦圓淨此星一伏卽起過東山下圓上方形如束髮紫金冠左分一水由南平廣元昭化以至重慶右分一水由松潘茂州灌縣嘉定亦至

重慶左右兩水合入大江中幹龍分兩大枝其左枝到劍州梓潼結張天師文昌帝君故里其右支至雪山特起廉貞火星作祖又分兩支左結龍安禹王故里右至茂州結楊貴妃故里中幹龍直抵灌縣脫脈落平走百餘里乃結成都此陽亦開百餘里眞不愧天府之國也至簡州復起大山瀘州小八字合重慶大八字合同出三峽口大口歸湖北而去詳其來山之脈脈由松潘公幹而過其過也俱係乾亥天皇雪山起少祖亦是乾亥出脈至灌縣乾亥脫煞至省城仍是乾亥脈入首所謂子不離母也其四門之向不出四維之卦西門是乾北

門是艮東門是巽南門是坤大衙署俱是丑山未向至於左右河道共有十餘條結成花蕊穴北門一小河南門一小河同歸九眼橋左大河五道新都漢州綿竹梓潼昭化是也右大河五道雙流新津邛州雅州清溪是也共至大渡河川合流重慶歸三峽江大水口而去所謂千里來龍千里結穴是也業此道者凡到省郡不可不認其來源去止也

乙丑年識於西街關帝廟右廂洗心閣

北門吳榮安葬先考地

地在馬形土金兼體穴結鼻門形取犀牛望月龍體尊

貴主山特達以龍觀之更勝於銅佛寺尊祖妣也

楊子勲卜葬先妣地

地在鹽嶺石山土穴形取燕子伏梁朝對後靠內堂鉗口件件明白下後開科發甲預可卜也

老東嶽廟階右新山

斯山玉屛落脈穴結小泡即木節也穴坐主山其發極速擇光緒甲申五月初三申時冷君洗雲楊君子勲合葬令尊大人此穴堂正局緊儘可入俗下後科甲聯芳不待言矣

易氏高椅形

此山在楓源坑口貪狼下脈穴結土角流金又名五馬奔槽朝對砂水無與倫者壬午年六月十七日易增壽攀桂安葬祖妣乃將軍山之正結也此穴大開大合上帳至老鴉石下帳至斗門陂佔地步二十餘里貴已極矣非幹龍不能有也向立卯酉兼庚甲二分乘氣放棺毫無餘憾可謂福緣到矣

楓橋李氏地

地在楓橋李氏陽基下手小地名金山穴結土腹藏金光緒甲申四月十六日用奎攺扦祖妣暨父一塋兩塚有碑垂後斯山龍體雄壯兼之兜衿裀褥長鋪數十餘

丈將來開族發甲須可決也

　　陰坑嶺哪叭墩地記

此地係縣龍分落形似飛天蜈蚣擇光緒甲申四月初八日辰時下葬斯山分上下兩排上排漆友三改扦骨大人於坐山左邊黃蔭軒改扦祖妣孺人於坐山右邊下排邢志齋改扦先妣孺人於坐山左邊其右邊係其克家冢嗣也山向俱是辰戌兼巽乾二分爲塋此向生旺朝堂其子孫丁財可爲一邑之巨擘矣

斯山丙子夏看記曰南源北大路側飛花龍結上聚穴上聚穴龍尊特梧桐行龍人不測人不測是此訣飛花

帳角似反刼似反刼教君别不刼九曲焉能得焉能得是特結特結之龍多怪穴多怪穴人嫌拙龍尊體貴我最悦我最悦貴無歇世代兒孫翰苑客翰苑客分金訣巽乾兼加與君説快種德奕世子孫受皇澤

漢鎮雜錄

歲在己卯元宵前一日予自南下舟抵黄鵠磯下友人邀遊古蹟見壁上所題詩句不下千餘首其左廊有譚定樹詩譚生余友也乙丑主司詩有傷今弔古之意故錄之黄鵠磯頭晚泊舟楚天清韻散魚漚千尋樓閣憐焦土一片旌旗據上游當代誰爲風月主大江難洗古

今愁我來吹徹梅花笛可有仙人駕鶴不又題岳陽樓
樓聯云識得憂樂懷廊廟何榮江湖何辱放開天地眼
洞庭非濶南岳非高此聯極佳恐福薄耳

西門記

丙子年余往新昌過此數次並未着眼是余之見亦與
尋常同也戊寅春下九江想起故人情重恐負別後所
囑是以再上新昌無何聚首未久而故人竟棄我而長
逝矣悲哉每於寂寞無聊之時獨出西門悵望旬日間
得地三四處一在楓子廟之側一在南源裡之北一在
陰家嶺之側一在西門外之宅數穴當以楓子廟爲巨

孽此穴三台行龍九天下脈所謂大馬趕小馬富貴傳天下者其斯之謂與故曰地非其時而不出者此也即楊公所謂地在路旁人不識者亦此也故記之

廣嵩一脈閃閃跌跌在路側形似牛軛來來往往廻環千百人嫌醜拙我喜尊特層層玉階條條飛帛本體結穴八尺潤澤無偏無頗合元合格詢其土色石山土穴立向扦穴子午真訣有緣遇此富貴兩得

此地數記獨錄平陽一記者何也蓋因平陽結穴人所易忽兼之穴情醜拙難入俗眼故特錄之此穴恰合平中一哭最爲奇一語山向水口件件合法不知

造物爲誰看守也

庚午遊沙石謁關帝祠

長夏無事午後同友人進關帝廟看戲見內柱一聯云識者觀時當西蜀未收昭烈尙無尺土操雖漢賊猶是朝臣至十八騎走華容勢方窮促而慨釋非徒報德祇緣急國計而緩奸雄千古有誰共白其對云君子論義恨東吳割據劉氏已失偏隅權卽人豪豈應抗主以八一州稱敵國非寶難逃而拒婚豈曰驕矜明示絕強援只尊王室寸心只堪自知　繆蓮仙題　又側面小軒一聯云秉燭非避嫌此日心中惟有漢華容豈報德當

年眼界本無曹　賀逢聖題

新昌北門外虎形新山楊子勳安葬祖母張孺人

新山御屏出脈太陽結穴形似猛虎下山穴扦王字向
立酉卯兼庚甲二分乘氣放棺毫髮無憾兼之得元得
運與日甲第早應預可決也光緒辛巳十月二十六日
辰時下

西江省龍畧誌

龍由東粵走梅嶺分南雄至甯都州逆行鹿角寨起大
華山頂上有三仙觀觀下過古嶺又走崇仁朝公坳下
樂安横過弓背市下崇仁趨朱山下王家洲此脈極旺

過水崩洪崩洪後過洋子江舊有塔焉此塔最關一省盛衰塔存則人文盛塔圮則人文衰省龍落平數十里又起高山下進賢上白狐嶺過七里巷下連塘由撫州門進城其過峽由震轉離由離轉震丙午居其大半結地大小當以總鎮波爲第一撫臺衙門爲第二南昌府學爲第三藩臺衙門爲第四第五曰萬壽宮第六曰城隍廟其餘小結不計其數再以形勢察之其陽大其局大恰居西江之中兩河合襟於前西山拱托於後非幹龍不能有所謂幹龍結作逈不同隔江山水都來朝者其斯之謂與但過峽一脈是丙午雙行所以屢遭火災

宋長老名辜託者在丙午脈上鑿一深池以制離宮之火又於北門外造一水心亭亭上供一黑色將軍其火始滅卓哉見也逮稽郭仙初幵省郡必開七門者蓋取一六水以尅九紫火也非古仙豈能精此作法乎古仙作法盡善後人更變古法故使塘掩亭圯門閉諸害悉作所以回祿之災更苦於洗馬池矣悲哉此三年兩次火災單指一處而言也而他處則不在此論也他處之火災或一年而一見或一月而一見或一月而數見其被災者或一二家或四五家即重者亦不過數十家而已斷未有甚於庚辰癸未兩年之火災竟使數百家之

長街一旦化爲焦土其天怒人怨一至於斯也爲民上者能不疾首蹙額而痛心乎故造水龍挑水池看方位以止火災皆在上之事也兹以街道言之其大街有三曰東大街曰西大街曰中大街總不若洗馬池之繁華也再以書院言之曰豫章曰洪都曰東湖亦不若豫章肄業之宏厰也他如百花洲闌中藏辯正是遊人避暑之處亭聯云岸傍楊柳都相識天下蓬萊第幾洲其胸襟何其濶也又有滕王閣亦是勝境賽過西江佳聯亦多難以盡述僅記其最上望江亭聯云常倚玉欄貪看水不安四壁怕遮山按此聯末以山水二字煞脚確有

深意存乎其中遊覽者切勿爲他瞞過也

澧陵北門記

此地土星角落穴結大陰吐魄隔蕭墳不遠是夜宿於鄉學適遇蕭子卿來館叙及蕭鳳鳴才華敏捷尤長於對聯其壽盛一朝卸仕爲母演戲聯云歌周南數章禮樂所自來令人直溯王者似修毛檄一史富貴非吾願到此因鑑孝子心又輓道臺聯云造物本愛才人苦才少君苦才多天地生才胡爲者英流恆薄命窮命則延達命則促文章憎命奚酷哉又輓席道臺聯云忽焉無疾而終兩三紙漂霂墨跡猶是速我軍餉警我兵備一

息尙存勤勞已矣惜哉有才未遇數十年走遍塵寰畢竟困於公車苦於戎馬九原可作抱負云何

道光三十年余自長洲上金陵見藩署聯云大江東去浪淘盡千古英雄閣樓外青山山外白雲何處是唐宮漢闕小院春回鶯喚起一庭佳麗看池邊綠樹樹邊紅雨此間有堯日舜天

按此對乃中山王自作續對不就懸金門外能對者重酬之數日後有一生臨門對之詢之卽錢牧齋也

吳城望湖亭

戊寅春自九江過此見曾文正公題聯五夜樓船曾上

孤亭聽鼓角一樽濁酒重來此處看湖山又彭公保聯云戰艦列千里想當年小喬夫壻破浪乘風多少雄姿英發令我戈船來繫跡弔古憑欄嘆幾許事業興亡祇贏得殘灰刼火對云湖天開一碧看此日大地山河落霞孤鶩無非活潑生機誰家鐵笛暗飛聲悲歌擊筑把那些滄桑感慨暫付與丹草斜陽

己卯年安徽省西門外大觀亭重修彭雪琴題一聯於亭上其父曾做此處典史亭上供皖公亭下地接東南此時大刼已過其聯云五千年皖公何在地接東南消除浩刼選勝快登臨儘鶴唳丹宵鷗鳴黃浦拓此一亭

佳景盪滌胸襟寄語墨客騷人莫孤負新秋風月其對云三十六載賤子重來天開圖畫俯仰狂吟憑欄休感慨看龍巒疊翠鵝嶼浮青騁我百戰壯懷放開眼界收覽練湖潛嶽依然是舊日山河

石鐘山彭公保聯

忠臣魂義士魄名賢手筆菩薩心腸合天地古今之奇觀同此一山結束對云湓浦月潯陽樓彭蠡風濤匡盧瀑布挹東西南北之勝景全憑兩眼收來

彭雪琴克復湖口題

書生笑指戰船來江山旌旗耀日開鼓吹萬艘齊奏凱

彭郎奪得小姑回

姊妹峯　匡廬山

雲蘿七賢偏冷峭江邊五老大龍鐘彭郎可嫁無媒說
待字年年姊妹峯

小姑山

烟鬟峭石水雲鄉江上涵清鑑素粧何事髯蘇飛謗語
至今人說嫁彭郎

隆山誌

隆山在寶慶府山有四十八峯峯峯有面亦與衡州府
南嶽山相似但少三十二峯耳亦佔七縣地步有一高

峯曰嶽平頂頂上明一大防寺觀亦大峯下有一富翁姓周名心田者七縣地界其田山已佔六縣隔湘鄉楊家灘只五里耳此地姓劉者多劉嶽炤係雲貴制臺嶽曙號玉田山東撫臺寶輪亦是山西道臺嶽煇四川布政其姪現任湖北道臺一家之盛如此此隆山嶽平頂中出一枝極貴目下四十餘人宦遊各省劉坤一祖墳亦在此處

西江逸事

薛清平為江右撫台清正可嘉任滿歸籍合省官員俱到滕王閣送行贈詩極多末後一提台到戲題云備也

作詩送老薛我也作詩送老薛漳江門外蓼花紅盡是黎民眼中血移時又一武官到係探花出身亦題一詩云自幼從戎未讀書滕王閣上漫留題江南景色君先識塞北風寒我獨知剪髮結韁牽戰馬割袍抽線補征衣貔貅百萬臨城下那用諸公一首詩即此觀之益信詩有別裁也

父子狀元

宋朝父子狀元者人但知有梁灝梁固而不知張去華張師德許安世許將亦是父子狀元茲遊廬山見石刻上有張許兩姓纔知學問無窮隨在皆可取益古人遊

焉息焉其斯之謂乎

劉坑記

劉坑者樂安董氏之巨族也劉氏有文士者好陰陽楊公在文士家打坐二十餘年扦穴四大四小所以董氏發蹟悠久故其報恩祠今猶存焉其記云文廸仝上劉坑去董公相留住經停四日去尋龍未見有龍蹤鄰里各家罵放屁不識陰陽義後遇董公作主東便識楊筠松

坤申龍遇寶蓋落水上大陰定不錯轉回金水旺英雄子孫登科多入幞董氏當年積德深曾玄異日趁御樂

三官龍任正回歸四官朝聖賜金爵賜紫賜緋一百人
三百綠袍皆元着兒孫累世享官榮與國齊同如山岳
先下牛鬭窩夾下金釵穴轉下富原山此山日月夾
峽可出鼎甲亦呼金釵此末落也還有分落一穴未
下亦可開科發甲
酧恩再下富原山地名白雲間二十四字迴環水峯巒
特達美陽星日月峽上隨文武狀元歸端正飛鵝頭上
生金殿玉街行代代富貴家有官子孫少貧寒亥上一
峯如樓台甲科聯芳開
細審斯山還有餘氣一穴亦可發甲

恭靖王輓曾文正公

功名事業並千秋溯從義旅首倡以孝子而作忠以鄉兵而敵愾以宰相而秉疆凡夫平巨憝薦賢才策江防肅鹽政皆我公精誠力殫上答君知姑和戎寶萬不得已之苦衷特委曲以全大局朝野軍民同一哭今即神州稍靜有逆苗在黔嶺有強虜在秦關有外夷在中土誰其張天威雪國恥靖內患犁邊庭痛此時艱鉅猶深遽亡元輔想戀闕餘無可奈何之遺恨將號泣訴諸先皇

庚戌年看胡探花祖墳夜宿藍溪孫家把酒時適孫

沒農先生到叙其輓親翁聯覺有一副深情難割處故錄之弱冠已深交傾蓋時便見一番親愛自車笠既盟蔦蘿係結來去了無常形覺似疎情倍摯暮年同苦病晤面時不作片語寒暄但殷懃問葯勸勉加餐死生雖有命君今如此我何堪

馮子艮題望湖亭聯

到此登臨爲誰須知百戰消磨纔得平地樓台滿江風月管領湖山不易幸是一官閒散且學周郎顧曲

蘇子題詩

傳道存後

楊公諱益字筠松號長茂又名救貧仙有姪名師尹漢北人也楊公於唐懿宗庚辰年七月十六日辰時降生少習儒書十四歲遊泮水十八歲中進士二十八歲受皇封為紫金光祿大夫知司天台兼管靈台僖宗末年時值黃巢作亂君臣奔蜀楊公發禁匱竊青囊書初邱師名延翰者誤下禁地被勅受監將秘書入金匱封鎖楊公得書攜家小逃入洪州之虔州將所得青囊授門生曾文遄曾傳廖瑀廖傳劉江東劉號眞一仙人曾丙戌生係唐大宗成道七年誕降二十一歲受業於楊公壽五十一歲而終時在丁丑三月也廖公字克通別號

金精道人廖瑀有二此前廖也廖有二僕一名陳弋一名胡五皆得廖師眞傳至今古蹟猶有存者

淦港坑訣

淦港坑出口漆家鷺鷥形人人慕此龍之特達究竟不知其穴何在也丙子秋懷川買成請予扦穴予視之毫無動靜對看之朗然山背何穴之有懷川問曰既有此龍何以無穴余曰此莜木火行龍當結翻身逆結懷川懇扦此穴余將天財未落指出越日開看石山土穴儘可妥先福後奈破者甚多以致延擱四五年而未扦也眞至辛巳首夏專人接至南城下車時再觀是山穴塲

纔知管郭穴的諺云士別三日刮目相見誠哉是言也乃擇十月吉期改扦祖妣張孺人暨伯母鄒氏一塋兩塚而人言息矣再將貪狼正結八尺山向逐一指出主人喜不自禁即請中人議價一言即成其價亦廉旬日內連得正附兩穴其福緣何其厚也○附兄嫂他地在北門官山形呼獵馬朝天亦結上下兩穴兄嫂各葬一處乘氣放棺毫無夾雜定主速蔭禎祥○其猶子佳士爲人誠篤儘可有造師向余言其讀書多因循怠惰余寫一信規之故錄之亦可勉勵後人○佳士賢契足下昨覩所抄三字經約有數萬餘字並未錯落一字已知

心細如麻可敬可嘉足下負棟梁之材享天倫之樂正是攻書時候君不好古敏求誠爲可惜古詩云少壯不努力老大徒傷悲又云白日莫閒過青春不再來豈可日守閨房而自荒於嬉哉昔老泉年已二十七讀君子疾沒世章惻然有動於心乃大聲疾呼曰人爲萬物之靈當思參贊天地不得與草木同朽縱不能希聖希賢爲天下法亦應立功立德爲後世傳乃築室於居傍自題其軒曰立志軒額其堂曰勿欺堂厥後自成大儒并二子亦顯名於天下猗歟休哉幼閱范文正公座右銘云學曾子之三省法顏子之四勿尤宜守君子愛身保

身之道天地既已生吾矣吾人即當以天地爲已任聊舉兩古人之勵志好學者以爲鑒再以近時曾中堂觀之自題其軒聯云瑞氣本於和氣家聲起自書聲公少時亦慕妻子大夫人見而惡之乃題一聯以戒之愛惜精神留此身担當宇宙蹉跎歲月將何日報答君親公見之即發憤攻書臘底歸家元宵即往書齋其後入詞林登相府皆其發憤勵志所由致也子夏云日知其所無月無忘其所能此讀書之要訣足下所宜凛之上才自立中才因人而成所謂中也養不中才也養不才故人樂有賢父兄也今足下祖父亞父俱賢上無慮而下

無憂極人倫之樂事倘不及時攻書則有負於人倫矣嗟乎畏難苟安四字為學者之大弊故尼山教人以不厭而復望人以有恆所以朱子云勿謂今年不學而有來年勿謂今日不學而有來日不知日月逝矣歲不我與轉眼四十五十那節悔之晚矣嗚呼老矣是誰之過與大禹惜寸陰陶侃惜分陰古聖賢何以黽勉如此其急誠以一寸光陰一寸金寸金難買寸光陰也學者體此則當夙夜不遑豈肯或作或輟自暴自欺甘為人下而不恥哉黃山谷云色不可貪也慾不可縱也貪色縱慾自有壞身之日身體壞則精神耗精神耗則事業無

能爲矣舟徒女士錢蓮茵規其夫張伯冶聯云人生惟酒色機關須百鍊此身成鐵漢世上有是非門戶要三緘其口學金人伯冶由巡檢而升方伯非蓮因之力不及此也眞不愧女士之號矣養身篇云慾少精神爽思多血氣衰人能寡慾安神不獨精神爽健且有三多之祝足下盍不三復斯言也最可幸者王公已得乍城此地開科發甲綽然有餘若不用心讀書科甲從何來哉足下年僅弱冠氣健力強果能埋頭三五年而功夫臻於水到渠成之候何患文章不入彀乎將見小大兩科連捷而上名題鴈塔身到鳳池何樂如之愚與足下祖

父相契不得不直言之足下見直言而切勿生嗔也

新昌黨田毛小帆安親課記

水口一穴歷年千百穴扦蟹眼毫無差忒前人留記以俟積德福緣遇着累世發閥乘氣合法富貴兩得乾水到穴科甲聯捷丁延瓜瓞田連阡陌子孫曾玄名垂史册自今以後光垂奕葉戒汝後人切勿改轍

胡承修葬母覽元配記

日月合璧龍尊穴的有輪有暈不離不即乘氣得法發福可必科甲有准丁財無匹

鹽嶺西邊過坳記

毛蟹哺涎氣止口前龍穴砂水四科俱全
火土行龍金水牛眠外象層層內暈圓圓
朝靠有情羅城無慾乘氣放棺得運得元
巨門到堂家學淵源承先啟後子肖孫賢
丁財頻添甲第蟬聯卜地視德非人勿言
光緒十年六月初一日酉時初一刻胡承修葬父地
記

寶塔要言

按唐大宗貞觀三年造名題雁塔於長安門外此塔依
歲運定為十三層可謂峻極於天恰合生旺同歸元運

爾得由是萬邦協和九州樂業猗歟休哉此後世寶塔所由昉也凡省郡水口多有建寶塔以鎮之或取一六而合水數或取四九而合金數其層數多寡各就本龍五行之所宜曷名乎塔因其尖秀如筆故呼之爲文峯塔宜高不宜低低爲胎宿宜遠不宜近近爲火星間有郡縣科甲不甚顯者則造文峯塔以培之然有驗有不驗者方位之不同也今人喜修巽方以巽爲文明之象也業此道者呆執此法不知挨星五行以致吉凶頓殊不但科甲不應反主回祿之災求福致禍亦可畏也以余觀之八方皆可建塔總以龍關竅三字爲主何必拘

拘於巽宮一方也其法先看來龍何方次辨水口何庫審得龍眞口的然後挨其五行去其殺洩取其生旺夫生旺亦不一矣有三元之生旺亦有三合之生旺有山向之生旺亦有城門之生旺有殺洩之生旺亦有砂水之生旺明此六法自可趨吉避凶即以江西撫州門外寶塔論之以一省大勢較之此塔則在巽宮巽卦屬木東南之位也以府學聖宮量之此塔則在丙宮丙寄於離正南之位也以省垣來龍格之此塔則在乙宮乙附於震正東之位也細看省龍行度起伏轉折半是丙午雙行旺巳極矣再建高塔於此以三元推之輪在廉貞

火方以五行論之落在七赤火數火以盅火則火力更烈矣所以庚辰癸未兩次之火災竟使數百家之長街一旦化爲大塊之焦土聞者莫不傷心也而況在親受之者乎爲民上者當思所以解之再以火災月分察之庚與乙合乙木生午斗柄五月指午庚辰火災必於五月見也戊與癸合癸水生卯斗柄二月指卯癸未火災必於二月見也是故修塔者務要細詳龍身行度去其大過補其不及孰爲生旺孰爲殺洩何關何竅何元何運一一熟悉於胸中從此鳩工監造雖曰勞民傷財實爲蒼生造福藉非然者鮮有不敗乃事矣故孟子云禍

福無不自己求之者

水口要言

水口者城門也城門者極要之地也顧名思義如省郡之有城垣數十萬生靈皆係城垣衛守所關非淺小也故都天寶照云五星一訣非眞術城門一訣最爲良識得五星城門訣立宅安墳大吉昌卽此驗之一部辨正其訣皆在城門兩字城門得其生旺卽在山巓水涯風吹浪打之地處處皆成樂土何吉如之其法在於一風一水風天之氣也屬陽水地之氣也屬陰要之只此陰陽形氣四字而已蓋風不可乘乘則氣散焉有融結之

理水則宜界界則氣聚方有生成之功又曰家家收得陽神定斷然便興隆其所以興隆者皆是收得陽和之旺氣耳陽和之氣無形可見只見其風鳴水響僅供耳目之玩故宅墓之休咎必以有形之陰質而姤無形之陽氣全在城門以分別之是止息此生氣者城門也是風刼此殺氣者亦城門也故楊公深贊之曰最爲良也世俗只喜栽樹築堤以攔塞之則何益矣不知生旺風到財旺人興殺刼風到妻離子散一喜一懼皆此城門是城門者有迴風返氣之法有吸風止氣之法果能精此着手自可成春觀此則城門實爲龍穴砂水之大都

會也

訪子政公故趾

庚午年爲家譜事特至宜邑霍源路過崇二都衙邂逅中遇一友焉榜名新葵乃熊氏之世家也其子宇春頗知地學留余度歲奈宗譜事急弗克久停時值七月鄉塲已近迫於下省悵然而去去時握手送別訂約重來是冬南友邀去羈寓三湘七澤愛其山水戀戀不舍故人一約十載弗克踐焉己卯春宜邑黃炳墀專信來家炳墀字子艮故人紱臣先生之冢嗣也弱冠巳遊泮水紱臣先生以大器期之其信云延候八九年遄信十餘

交其心已誠其志已堅余嘉之遂於暮春之初僱舟直
底其家相見時哭拜於前訴其令尊大人掃榻以待非
伊朝夕矣不期甲戌一病竟不起矣余聞之卽頓足搥
胸曰令尊紱臣先生吾故交也其爲人誠篤吾深悉之
所謂一鄉之善士也嗟乎吉人未獲天相何天道之冥
冥也先寓景公小宗後移桂花書院壁上掛有牡丹行
樂圖一軸所題詩句亦多子頁屢囑余題忽一日自外
歸見雙童垂釣溪邊詢之乃是一兒一弟歸齋後握筆
戲云人皆醉我獨醒人圖事業我圖淸不事公與卿惟
友弟與兄無辱無榮隨止隨行日向小河把釣横大者

已得鯨小者亦瀟營罷釣歸來兒女互相爭搴簾入室呼山荆丟下女紅將魚烹邀同盟共舉觥縱酒高歌月三更休問洛陽橋頭景色盛未盛是日下午予艮見之忻賞不已即贈七律一章其詩云幽明兩切望高賢何事慭期竟十年昔日言旋留後約今朝戾止証前緣遍觀山水胸何富識別峯巒志已專且喜先人無暴露惟求法眼卜牛眠翌辰宇春聞之特來拜訪促膝談心竟夕不已別後恭賦一律以識昔年之約詩云瑶函下降轉情深不睹仙顏見道忱十載無緣空帳望三生有幸喜重臨楊曾手段能應畏廖賴襟懷世所欽千里远來

開隻眼天涯何處是知音

歲在戊申元宵節後立心上終南訪斜山道人兼訪紫霞道人行裝已檢翌曙徹祖西邊香燭齊息速點數次皆然一片雄心灰矣旁人笑曰是西方不若東方光也余轉顏曰東方既光盍往東方乃携一徒一僕同遊入閩直至花朝始底泉州其府一廳五縣寄寓晉江衙後忽一日道冠來寓詢之即斜山紫霞兩師也欵洽數日戀戀不舍臨去握余手曰古往今來無非元運兩字今遇子亦是前緣語畢授以三元九氣秘訣飄然而去節屆中秋乃轉建昌特至朱山看西江省龍下王溪過雄田此處連得兩穴一係飛鴈

投湖一為犀牛望月小陽後巳至省垣館於城外早膳後四門觀看覓得數穴一曰金龜下蝦二曰猛虎上山三曰天螺晒腌四曰將軍胯劍細審後龍果然尊貴無倫由是日之所思夜則結之為夢異哉夜深偶於故人叙及河洛精義故人拍案而揖曰斯言也發天地之所未發洩古今之所未洩子盍不將辨正註明之以為仁人孝子慎終之一助也乙酉秋杜門謝客特取青囊天玉寶照奧語四帙集為內外兩註弁附古今分野及天星四垣圖越一載而稿始成前後列為八卷未幾時先君患病床前侍藥已經數月

辛亥夏先君見背籲天而天無門矣讀禮之暇兼肴
青烏家書惟期覔抔土以妥先靈無何粤逆居城僞
踞南京東竄西奔幾不聊生幸蒙
皇大后
皇上用人得宜甲子六月掃淨逆賊克復南京萬民樂
業先君乃得暫厝祖山之側爾來二十有一年矣不
孝之罪孰有甚於此者丙寅秋旱自南歸遍搜前稿
片紙無存丁卯冬重註辨正廣購各家註疏共得一
百零八家其與蔣註相反者不知凡幾間有與蔣註
互相發明者逐一較正而附錄之越五年而初稿始

成又五年而初稿已七易矣甚矣書之難著也戊寅冬又至西江省垣得交胡君青圃陶君春輝毛君小帆此數友者朝夕談心毫無虛日不期壬午仲夏青圃一病不起悲哉是冬專爲故人下省不辭艱苦之勞姐於情耳臘月十三到省十八日爲陶君扦穴郎係金龜拜斗殘年已畢又是新年癸未花朝後爲胡安賢改扦祖母於犀牛山又葬其父青圃於燕子伏梁可謂福緣到矣豈非然者三十年前之穴何以至今而猶存也今而後始知福地等與福人來者斯言眞不虛也嗟乎先君猶眉祖山若不及時瘞玉而吾

親之骸骨終暴露於
矣茲有友生周國
皆賜一穴以安
否亦視吾家

走濯髮難逃
又坊虎形
從

占筮類			
1	擲地金聲搜精秘訣	心一堂編	沈氏研易樓藏稀見易占秘鈔本
2	卜易拆字秘傳百日通	心一堂編	
3	易占陽宅六十四卦秘斷	心一堂編	火珠林占陽宅風水秘鈔本
星命類			
4	斗數宣微	【民國】王裁珊	民初最重要斗數著述之一；未刪改本
5	斗數觀測錄	【民國】王裁珊	失傳民初斗數重要著作
6	《地星會源》《斗數綱要》合刊	心一堂編	失傳的第三種飛星斗數
7	《斗數秘鈔》《紫微斗數之捷徑》合刊	心一堂編	珍稀「紫微斗數」舊鈔秘本
8	斗數演例	心一堂編	
9	紫微斗數全書（清初刻原本）	題【宋】陳希夷	斗數全書本來面目；有別於錯誤極多的坊本
10-12	鐵板神數（清刻足本）——附秘鈔密碼表	題【宋】邵雍	無錯漏原版　秘鈔密碼表　首次公開！
13-15	蠢子數纏度	題【宋】邵雍	蠢子數連密碼表　打破數百年秘傳　首次公開！
16-19	皇極數	題【宋】邵雍	清鈔孤本附起例及完整密碼表　研究神數必讀！
20-21	邵夫子先天神數	題【宋】邵雍	附手鈔密碼表　研究神數必讀！
22	八刻分經定數（密碼表）	題【宋】邵雍	皇極數另一版本；附手鈔密碼表
23	新命理探原	【民國】袁樹珊	子平命理必讀教科書！
24-25	袁氏命譜	【民國】袁樹珊	
26	韋氏命學講義	【民國】韋千里	民初二大命理家南袁北韋
27	千里命稿	【民國】韋千里	
28	精選命理約言	【民國】韋千里	北韋之命理經典
29	滴天髓闡微——附李雨田命理初學捷徑	【民國】袁樹珊、李雨田	命理經典未刪改足本
30	段氏白話命學綱要	【民國】段方	民初命理經典最淺白易懂
31	命理用神精華	【民國】王心田	學命理者之寶鏡

32	命學探驪集	【民國】張巢雲	發前人所未發　稀見民初子平命理著作
33	澹園命談	【民國】高澹園	
34	算命一讀通——鴻福齊天	【民國】不空居士、覺先居士合纂	
35	子平玄理	【民國】施惕君	
36	星命風水秘傳百日通	心一堂編	
37	命理大四字金前定	題【晉】鬼谷子王詡	源自元代算命術
38	命理斷語義理源深	心一堂編	稀見清代批命斷語及活套
39－40	文武星案	【明】陸位	失傳四百年《張果星宗》姊妹篇　千多星盤命例　研究命學必備
相術類			
41	新相人學講義	【民國】楊叔和	失傳民初白話文相術書
42	手相學淺說	【民國】黃龍	民初中西結合手相學經典
43	大清相法	心一堂編	重現失傳經典相書
44	相法易知	心一堂編	
45	相法秘傳百日通	心一堂編	
堪輿類			
46	靈城精義箋	【清】沈竹礽	沈氏玄空遺珍　玄空風水必讀
47	地理辨正抉要	【清】沈竹礽	
48	《玄空古義四種通釋》《地理疑義答問》合刊	沈瓞民	
49	《沈氏玄空吹虀室雜存》《玄空捷訣》合刊	【民國】申聽禪	
50	漢鏡齋堪輿小識	【民國】查國珍、沈瓞民	失傳已久的無常派玄空經典
51	堪輿一覽	【清】孫竹田	
52	章仲山挨星秘訣（修定版）	【清】章仲山	章仲山無常派玄空珍秘　門內秘本首次公開　沈竹礽等大師尋覓一生末得之珍本！
53	臨穴指南	【清】章仲山	
54	章仲山宅案附無常派玄空秘要	心一堂編	
55	地理辨正補	【清】朱小鶴	玄空六派蘇州派代表作
56	陽宅覺元氏新書	【清】元祝垚	簡易・有效・神驗之玄空陽宅法
57	地學鐵骨秘　附　吳師青藏命理大易數	【民國】吳師青	釋玄空廣東派地學之秘
58－61	四秘全書十二種（清刻原本）	【清】尹一勺	玄空湘楚派經典本來面目　有別於錯誤極多的坊本

62	地理辨正補註　附　元空秘旨　天元五歌　玄空精髓　心法秘訣等數種合刊	【民國】胡仲言	貫通易理、巒頭、三元、三合、天星、中醫
63	地理辨正自解	【清】李思白	公開玄空家「分率尺、工部尺、量天尺」之秘
64	許氏地理辨正釋義	【民國】許錦灝	民國易學名家黃元炳力薦
65	地理辨正天玉經內傳要訣圖解	【清】程懷榮	秘訣一語道破，圖文并茂
66	謝氏地理書	【民國】謝復	玄空體用兼備、深入淺出
67	論山水元運易理斷驗、三元氣運說附紫白訣等五種合刊	【宋】吳景鸞等	失傳古本《玄空秘旨》《紫白訣》
68	星卦奧義圖訣	【清】施安仁	三元玄空門內秘笈　清鈔孤本 過去均為必須守秘不能公開秘密 與今天流行飛星法不同
69	三元地學秘傳	【清】何文源	
70	三元玄空挨星四十八局圖說	心一堂編	
71	三元挨星秘訣仙傳	心一堂編	
72	三元地理正傳	心一堂編	
73	三元天心正運	心一堂編	
74	元空紫白陽宅秘旨	心一堂編	
75	玄空挨星秘圖　附　堪輿指迷	心一堂編	
76	姚氏地理辨正圖說　附　地理九星并挨星真訣全圖　秘傳河圖精義等數種合刊	【清】姚文田等	蓮池心法　玄空六法 門內秘鈔本首次公開
77	元空法鑑批點本——附　法鑑口授訣要、秘傳玄空三鑑奧義匯鈔　合刊	【清】曾懷玉等	
78	元空法鑑心法	【清】曾懷玉等	
79	曾懷玉增批蔣徒傳天玉經補註【新修訂版原（彩）色本】	【清】項木林、曾懷玉	
80	地理學新義	【民國】俞仁宇撰	揭開連城派風水之秘
81	地理辨正揭隱（足本）　附連城派秘鈔口訣	【民國】王邈達	
82	趙連城傳地理秘訣附雪庵和尚字字金	【明】趙連城	
83	趙連城秘傳楊公地理真訣	【明】趙連城	
84	地理法門全書	仗溪子、芝罘子	巒頭風水，內容簡核、深入淺出
85	地理方外別傳	【清】熙齋上人	巒頭形勢、「望氣」「鑑神」
86	地理輯要	【清】余鵬	集地理經典之精要
87	地理秘珍	【清】錫九氏	巒頭、三合天星，圖文並茂
88	《羅經舉要》附《附三合天機秘訣》	【清】賈長吉	清鈔孤本羅經、三合訣法圖解
89-90	嚴陵張九儀增釋地理琢玉斧巒	【清】張九儀	清初三合風水名家張九儀經典清刻原本！

91	地學形勢摘要	心一堂編	形家秘鈔珍本
92	《平洋地理入門》《巒頭圖解》合刊	【清】盧崇台	平洋水法、形家秘本
93	《鑒水極玄經》《秘授水法》合刊	【唐】司馬頭陀、【清】鮑湘襟	千古之秘，不可妄傳匪人
94	平洋地理闡秘	心一堂編	雲間三元平洋形法秘鈔珍本
95	地經圖說	【清】余九皋	形勢理氣、精繪圖文
96	司馬頭陀地鉗	【唐】司馬頭陀	流傳極稀《地鉗》
97	欽天監地理醒世切要辨論	【清】欽天監	公開清代皇室御用風水真本
三式類			
98－99	大六壬尋源二種	【清】張純照	六壬入門、占課指南
100	六壬教科六壬鑰	【民國】蔣問天	由淺入深，首尾悉備
101	壬課總訣	心一堂編	過去術家不外傳的珍稀六壬術秘鈔本
102	六壬秘斷	心一堂編	
103	大六壬類闡	心一堂編	
104	六壬秘笈——韋千里占卜講義	【民國】韋千里	六壬入門必備
105	壬學述古	【民國】曹仁麟	依法占之，「無不神驗」
106	奇門揭要	心一堂編	集「法奇門」、「術奇門」精要
107	奇門行軍要略	【清】劉文瀾	條理清晰、簡明易用
108	奇門大宗直旨	劉毗	天下孤本　首次公開 虛白廬藏本《秘藏遁甲天機》 奇門不傳之秘　應驗如神
109	奇門三奇干支神應	馮繼明	
110	奇門仙機	題【漢】張子房	
111	奇門心法秘纂	題【漢】韓信（淮陰侯）	
112	奇門廬中闡秘	題【三國】諸葛武侯註	
選擇類			
113－114	儀度六壬選日要訣	【清】張九儀	清初三合風水名家張九儀擇日秘傳
115	天元選擇辨正	【清】一園主人	釋蔣大鴻天元選擇法
其他類			
116	述卜筮星相學	【民國】袁樹珊	民初二大命理家南袁北韋 南袁之術數經典
117－120	中國歷代卜人傳	【民國】袁樹珊	